Randy, un bombero, recibió una llamada para que se presentara en la estación, pues debía atender una alarma de cuarto grado. Fue corriendo hasta su auto, entró en él a toda prisa y giró la llave en el interruptor. En eso, escuchó una voz que le decía: "¡Detente!"

Miró a su alrededor, pero no había nadie. Luego oyó la voz de nuevo: "Baja del auto."

Randy abrió la puerta y caminó hacia la parte trasera del auto. Entonces se detuvo, atónito. La pequeña Marie Puckett estaba sentada en el suelo, tenía la espalda recostada contra el parachoques trasero y jugaba feliz con una pala mientras cavaba en la tierra y la vertía en un pequeño balde. "Hola tío Randy," dijo Marie.

Él no se había dado cuenta de que ella estaba jugando detrás del auto. Había estado a punto de dar marcha atrás para sacar el auto, cuando de repente, *oyó la voz más clara que había escuchado en toda su vida...pero ¡no había nadie!*

LOS ÁNGELES
ESTÁN ENTRE NOSOTROS

LOS ÁNGELES ESTÁN ENTRE NOSOTROS

Historias Reales Sobre Seres Extraordinarios

DON FEARHEILEY

Traducido del inglés por Adriana Delgado

AVON BOOKS
Una rama de HarperCollinsPublishers

Rayo/Avon Books
Una rama de HarperCollins*Publishers*
10 East 53rd Street
New York, New York 10022-5299

Copyright © 1993 por Don Fearheiley
Traducción © 2006 por Adriana Delgado
ISBN-13: 978-0-06-085696-0
ISBN-10: 0-06-085696-3
www.rayobooks.com
www.avonbooks.com

Primera edición Rayo: Junio 2006
Primera edición en inglés de Avon Books: Noviembre 1993

Impreso en Estados Unidos

10 9 8 7 6 5 4 3 2 1

Dedicado

a

TEENIE

Quien me enseñó casi todo lo que sé acerca
de los ángeles

Contenido

Contenido

LOS ÁNGELES ESTÁN ENTRE NOSOTROS

Prólogo

Todo el mundo sabe de la existencia de los ángeles, al menos en el plano sentimental. Las tarjetas de cumpleaños o de aniversario, las canciones y los poemas, describen la bondad, la pureza y el amor inherentes a un ángel y revisten con estas cualidades a los novios o a los esposos.

Pero, ¿son reales los ángeles?

Para la mayoría de las personas, esta respuesta depende de la manera en que interpreten la Biblia. Este libro sagrado dice que tanto Abraham, como Jacob, Moisés, Josué, Gideon, David, Elijah, Zacarías, José, María y Pedro vieron ángeles. Y, efectivamente, tres ángeles aparecen mencionados con nombre propio: Miguel, Gabriel y Rafael. Miguel es citado en tres libros: en Daniel, es descrito como el gran príncipe encargado de defender al pueblo de Dios; en Judas, aparece como el arcángel que lucha contra Satanás por el cuerpo de Moisés; y en el Apocalipsis, se lo muestra guiando a sus ángeles contra el dragón. De acuerdo con la tradición, Gabriel preside el paraíso, y, según Mahoma, Gabriel fue el ángel que dictó el Corán por orden de Dios. Rafael es considerado como el ángel de

1

la guarda de la ciencia y el conocimiento, el sanador de las enfermedades.

Con el paso del tiempo surgieron tradiciones de otros ángeles. Los eruditos judíos de la Edad Media declararon que había 301,655,722 ángeles. Gustav Davidson asumió un enfoque más limitado en su libro *Un Diccionario de Ángeles*. Tomando nombres de la Biblia, la literatura rabínica y cabalística, textos de los padres de la Iglesia y la poesía, elaboró biografías cortas de 3,406 ángeles. Algunos de ellos tenían un propósito elevado, como Uriel, arcángel de la salvación, a quien frecuentemente se le reconoce el mérito de haber avisado a Noé sobre el diluvio. Sin embargo, a otros ángeles les gustaba hacer travesuras, como a Baltasar.

Nadie sabía qué apariencia tenían los ángeles, pero para el siglo IV d. C., los artistas los representaron con alas. ¿Eran femeninos o masculinos? Esta era otra pregunta que suscitaba discusiones acaloradas. En 1272 d. C., Tomás de Aquino pensaba que los ángeles podían asumir el aspecto físico que desearan, y que por lo tanto no eran ni femeninos ni masculinos. Tanto Lutero como Calvino creían en los ángeles, pero Lutero pedía a Dios que los ángeles no entraran en sus sueños, pues lo distraían de su trabajo.

Luego, durante la época postdarwiniana del siglo XIX, los ángeles perdieron su vigencia dentro de la imaginación popular. La ciencia, la razón y la creencia en la evolución natural eran las panaceas por aquellos días. Cualquiera que viera un ángel era considerado como un enfermo mental.

Hoy en día, sin embargo, la gente sabe que la ciencia y la razón, por sí solas, no dan cuenta de toda la existencia. La ciencia bien puede ser usada para destruir el mundo, así como para colaborar en el progreso material. Muchas personas creen, como <u>Billy Graham</u>, que los ángeles son "espíritus incorpóreos, creados por Dios, para adorarlo y hacer Su voluntad."

Pero los ángeles siguen siendo un misterio, y en la Biblia se le añade misterio al misterio, pues los ángeles llegan de repente, sin previo aviso, y con diferentes propósitos. <u>Pueden</u> ser <u>vistos como luces brillantes o como simples mortales. Sus</u> apariciones son <u>fugaces.</u> Evidentemente venían de otro mundo. Si venían, y si aún lo hacen, de alguna manera atravesaban el tejido de nuestro mundo desde el exterior.

En este libro aparecen historias sobre visitas de ángeles. Se han cambiado los nombres y lugares, <u>pero las visitas se basan en testimonios reales</u> descritos en la prensa y la televisión. Las personas que cuentan sus encuentros personales con los ángeles lo hacen con la convicción de que la intervención sobrenatural realmente ha tenido lugar. Independientemente de qué tan improbable o imposible parezca un hecho, ellos le dirían que aquello que los ha afectado ha sido real. No es esto lo que afirmamos en el libro. Los relatos son una manera de informarle a usted sobre los diferentes tipos de visitas de ángeles que, de acuerdo con el testimonio de algunas personas, realmente han ocurrido. Usted, el lector, hará su propia interpretación. Nos complace presentarle estas historias para su entretenimiento y, si así lo desea, para su iluminación.

1

El Ángel de Warren

Los ángeles están cerca de nosotros, y han de cuidar-
nos por orden de Dios.

—Lutero

Warren le estaba dando los toques finales a Spaggie, cuando su jefe lo llamó por el intercomunicador.

"Warren, ¿ya casi terminas el diseño?"

"Ya casi, R. B." Spaggie le sonreía desde su mesa de trabajo. Warren esperaba que R. B. estuviera tan optimista como él con su último proyecto. Tomó el diseño preliminar, le sonrió a Spaggie y salió de su oficina. De camino a la oficina de R. B., pasó junto a dos salas en las que varios artistas trabajaban concentrados sobre sus mesas de dibujo. La pared del corredor estaba tapizada con una tela gris sobre la cual se exhibían numerosas obras de arte que representaban anteriores campañas, ganadoras de premios publicitarios. Todos los años, Lucas Communications Ltd. acumulaba nuevos galardones Diamante en las categorías de anuncios de prensa, volantes, propagandas de radio, campañas por correspondencia y anuncios en televisión. R. B.

4

siempre se ponía tenso en esta época del año, cuando las agencias locales presentaban sus mejores trabajos de los últimos doce meses. A R. B. le alegraba ganar premios en cualquier categoría, pero lo que más feliz lo hacía era llevarse el galardón a la mejor campaña en todas las categorías.

"Un premio representa futuros negocios," solía decir. Ese era su principal interés. Tal vez para la mayoría de los ganadores los premios fueran un alimento para el ego, pero para R. B., ganar significaba la posibilidad de aumentar la cuenta bancaria de la empresa. Los premios creaban una reputación que atraía a nuevos clientes y hacía que los viejos continuaran contratando los servicios de la compañía.

"Una agencia vive de su reputación" era otro dictado de R. B., y ciertamente Lucas Communications era considerada como una de las agencias más creativas de la ciudad.

Warren Young trabajaba en la compañía desde hacía ocho años. Recién graduado de la Escuela de Arte había entrado a Lucas Communications como dibujante. Dos años más tarde había ascendido al cargo de Artista B, y dos años después al de Artista A. Al año siguiente había sido nombrado director de arte. Pero R. B. seguía de cerca el trabajo de Warren y sabía que su personalidad y su talento se adecuaban para un trabajo de mayor responsibilidad.

En realidad, R. B. no era quien tenía la idea original para las campañas, sino sus agentes creativos, entre ellos Warren, que en ese momento estaba trabajando con Abner Kelly en la cuenta de Farm Fresh Dairy. Abner había sido asignado director de cuenta de la campaña. Solía ser muy amable y tenía la habilidad de descubrir la mejor faceta de sus clientes. Pero, por alguna razón, al presidente de Farm Fresh no le agradaba Abner (Warren sospechaba que todo había comenzado cuando Abner había encendido un cigarillo en la oficina del presidente sin su autorización), y, tras varias horas de asesoría, el presidente había desechado todo el trabajo que habían realizado hasta ese momento. Al parecer, Abner había cometido un pecado imperdonable frente al cliente y Lucas Communications estaba a punto de perder la cuenta. Entonces, R. B. había discutido con Abner, y, señalando con el dedo a Warren, le había dicho que, como dibujante, tendría que presentar nuevas ideas y bocetos, volver a entrar en contacto con el presidente de Farm Fresh y salvar la cuenta.

Warren había recuperado la cuenta, con lo que le había demostrado a R. B. que no se equivocaba al confiar en él, y había empezado a realizar las funciones de director de cuenta. Pero Warren era un ejecutivo inusual. R. B. no quería desaprovechar su talento artístico, y Warren tampoco quería abandonar el diseño, así que se convirtió en una combinación de ejecutivo y dibujante—el único de la agencia—, y durante todo el año siguiente fue la mano derecha de R. B.

Pero eso había sido dos años atrás. Luego, la economía se había concentrado en el sur del país, y así lo habían hecho algunos de los clientes de Lucas Communications. R. B. había reducido el personal de dibujantes y redactores publicitarios, lo que le había permitido mantener la empresa a flote. Incluso, había eliminado el cargo de uno de los directores de cuenta, el de Bill Ridley, que ya tenía edad suficiente para recibir su pensión y los subsidios de seguridad social. Pero, según los rumores, R. B. podía recortar otros cargos.

Un día, al caminar por la oficina, escuchó una voz detrás de él que atrajo su atención.

"Warren" dijo la voz, tan melodiosa que parecía cantar.

Warren se dio vuelta.

"Hola, Hazel" dijo. Hazel McIntyre se acercó rápidamente con un dibujo en sus manos.

"¿Qué le parece?" preguntó ella.

Warren observó el dibujo, era el logo para una nueva empresa que producía videos musicales. "Hermoso trabajo" dijo, pero en realidad la verdadera belleza se encontraba de pie, delante de él.

Hazel sólo llevaba cuatro meses en la empresa y venía de una escuela de arte de Atlanta. Su cabello era rojo oscuro, con reflejos fuertes, su piel era pálida y blanca como la leche. Su color preferido era el verde, lo cual era bastante apropiado pues sus ojos también eran verdes, y tenía las pestañas más largas que Warren había visto. Durante su primer día de trabajo en la agencia, los hombres habían tenido que esforzarse por no quedarse mirándola, y, aun ahora, después de cuatro meses, les costaba trabajo.

Siempre ensayaba nuevos estilos en su cabello, que era lo suficientemente largo como para darle una apariencia diferente todos los días, desde las ondas sueltas, pasando por colas de caballo, hasta el flequillo o una mezcla de diferentes estilos. Su peinado, junto con su buen gusto a la hora de vestir, siempre producía un efecto sorprendente.

Él suspiró. Tenía veintitrés años, lo que hacía que Warren se sintiera viejo a pesar de sólo tener treinta y dos.

"¿Cree que le guste al Sr. Bonnell?"

Jed Bonnell, el director de cuenta del proyecto, era el mejor amigo de Warren. "No puedo hablar por Jed," dijo, "pero es un buen diseño." En realidad, nadie podía

hablar por Jed, un veterano en el campo de la publicidad, con dieciséis años de experiencia. Él siempre hablaba por sí mismo. Había trabajado en cinco agencias
diferentes durante su carrera, no por falta de talento
sino por su personalidad franca, que algunos tachaban
de sarcástica. No todos los clientes reaccionaban de
manera positiva a su enfoque honesto, simple, directo,
pero aquellos que lo hacían permanecían a su lado a
pesar de trasladarse constantemente de una agencia a
otra. Por eso, siempre que empezaba a tener problemas
con el jefe de una agencia, ya había otra interesada en
contratarlo.

Warren no entendía muy bien la razón por la que
Hazel parecía haberlo elegido a él como su figura pa-
terna. Realmente se sentía demasiado joven para convertirse en su mentor. Pero desde el primer día ella lo
había mirado con una sonrisa especial, que le erizaba
la piel. Él tenía mucho cabello, negro, pero su nariz era
demasiado grande, y su cuello demasiado delgado;
usaba unos anteojos de marco oscuro. Por eso, en la
escuela de arte muchos lo llamaban *Nerd,* una palabra
ofensiva que despertaba la rabia de Warren.

Para Warren, lo más difícil era pasar por alto las pequeñas señales que ella le enviaba y con las que le hacía
saber que no tenía ningún compromiso sentimental
y estaba dispuesta a salir con él. En otra época, él hubiera hecho cualquier cosa sólo para ganarse una pequeña señal de aceptación de Hazel. Pero en esos cuatro
meses él había actuado de manera amable, profesional
y...estúpida. Por eso, Jed lo había llamado a su oficina.

"Completamente estúpido," dijo. "Todos los hombres solteros de esta agencia y quizá también algunos

de los casados se mueren por Hazel, pero ella es fría e indiferente con todos."

"¿Fría e indiferente?" preguntó Warren.

"Tú sabes a qué me refiero," dijo Jed, "o tal vez no, porque ella no parece tratarte así. Los rumores corren por toda la agencia. ¡Haz algo!"

"Pero yo tengo novia" dijo Warren.

"No quiero descalificar a Pauline, pero ¿una divorciada con una hija de cinco años? ¿Comparada con Hazel? ¡Por favor!"

"No me parece correcto."

"¿Estás comprometido con Pauline?" Jed sacudió la cabeza.

"No."

"¿Pero han afianzado su relación?"

"No, realmente."

"¿Qué clase de compromiso es ese? Eres completamente libre."

"¿Podrías dejarte de comparaciones? ¡Ya fue suficiente!"

"Oye bien lo que te estoy diciendo, esa chica tiene sus ojos puestos en ti."

"¿Y por qué?" preguntó Warren. "¿Por qué justamente en mí?"

Jed sonrió burlonamente.

"No lo sé. Quizá le inspires lástima, o le recuerdes a un tío muerto que ella adoraba cuando era pequeña. O tal vez, sólo tal vez, ella vea que, a pesar de que no eres especialmente apuesto, eres un tipo inteligente con talento para su trabajo, con buen sentido del humor y que a veces incluso logra hacer una buena broma. O tal vez" y sonrió aún más burlón, "ella simplemente esté loca."

En ese momento, Hazel miró a Warren como si se tratara de un rey que acababa de otorgarle el título de caballero, y se alejó de él con una última sonrisa que por poco le hace olvidar a Warren hacia dónde se dirigía.

Entre los clientes de bajo rango, la oficina de R. B. era conocida como "El valle de los helechos," pues la esposa de R. B., una mujer de unos cuarenta y cinco años, un poco pasada de kilos, que hablaba a gran velocidad, disfrutaba al supervisar personalmente la apariencia y el estado emocional del ambiente de trabajo de su esposo, y era fanática de las plantas. Había llenado el lugar de helechos colgantes y plantas sembradas en macetas, lo que daba como resultado un ambiente extraño, que, a pesar de crear la ilusión de ser un espacio al aire libre, tenía un efecto claustrofóbico.

"Warren, ven, siéntate muchacho." R. B. estaba de pie y le señalaba a Warren una silla, invitándolo a sentarse. Cuando Warren tomó asiento, R. B. movió su escritorio de manera que la mesa no les estorbara. Mentalmente, Warren ya se había preparado para lo peor. Cuando R. B. seguía esa rutina, excesivamente amable, todos sabían que algo estaba a punto de suceder.

"Déjame ver el diseño," dijo. Warren se lo pasó y R. B. lo observó fijamente, inexpresivo. Luego miró a Warren con admiración.

"No está mal, no está nada mal," dijo. "¿Crees que le guste a Salisbury?"

"Espero que sí," dijo Warren. Marcus Salisbury era el presidente de la cadena de tiendas Spaguetti Spot.

"¡Qué buena idea tuviste, tratar de humanizar el concepto del espagueti! ¡Qué gran idea!"

En su interior, Warren empezaba a prepararse para recibir el golpe de una mala noticia. Spaguetti Spot estaba en problemas. Marcus Salisbury, un multimillonario que había hecho su fortuna gracias al petróleo, había inaugurado la cadena con bombos y platillos, y afirmaba que ahora la gente podría encontrar un alivio a la eterna sucesión de restaurantes de hamburguesa, pescado y pollo. La pasta, esa comida que todos amaban, ahora estaba disponible con las ventajas y la comodidad de la comida rápida, a un bajo precio. Por supuesto, el secreto de la pasta de Spaguetti Spot había sido inventado por la bisabuela de Salisbury, quien había traído consigo la receta de la salsa desde Italia, al emigrar a los Estados Unidos. Desde entonces, la fórmula había permanecido como un secreto celosamente guardado.

Pero luego de dos años de crecimiento acelerado en los estados del sudeste de los Estados Unidos, el negocio venía en descenso. Al principio pensaron que la baja en las ventas obedecía a una tendencia general, pues todos los restaurantes habían atravesado por una crisis, debido a la mala situación de la economía. Pero las cifras recientes mostraban que el negocio de la comida rápida estaba de nuevo en crecimiento y Spaguetti Spot aún seguía en descenso.

Entonces, cuando todas las demás estrategias fallan, siempre se acude a la publicidad.

Lucas Communications ya había desplegado una campaña local en cinco puntos de venta de la ciudad. Pero R. B. sentía que había llegado el momento de lanzarse a la publicidad regional, así que les propuso a las oficinas centrales de Spaguetti Spot empezar a idear una campaña a nivel regional, completamente nueva, que atrajera a más clientes. Luego de llegar a un acuerdo para desarrollar el proyecto piloto, R. B. le había asignado la tarea a Warren.

Siempre que pensaba en Spaguetti Spot, Warren veía una falla en el negocio en cuanto al servicio de comprar para llevar, que era tan popular en los otros restaurantes, de comida rápida. Con la pasta siempre se corría el riesgo de ensuciarse pues podía caer sobre la ropa al poner el auto en marcha. Cuando se trataba de pasta, la gente prefería comer dentro del restaurante.

Esto implicaba tener instalaciones más grandes que las de los restaurantes de hamburguesa, pollo y pescado. Desafortunadamente, muchas de las franquicias de Spaguetti Spot solo contaban con un espacio limitado. ¿Cómo atraer más clientes usando el espacio disponible?

De cualquier manera, la gente seguiría comprando pasta desde el auto para llevar a casa. Y si aumentaba el número de personas que querían entrar a comer dentro del restaurante, eso estimularía a los dueños a expandir sus instalaciones.

Así que había que dejar a un lado los inconvenientes de la compra de comida para llevar y concentrarse en lograr que la gente pensara en comer pasta. ¿Cuál es el atractivo de la pasta? De acuerdo, es deliciosa. Pero, ¿cómo diferenciarla? ¿Cómo definir su personalidad, aquello que la hace única?

Entonces la mente de Warren lo llevó a pensar en el personaje más atractivo de su infancia—Puff the Magic Dragon—. ¿Qué tal un dragón? No un dragón que causara miedo, sino un dragón que los niños adoraran, como a Casper, el fantasma amistoso. ¿Y qué tal si él lograra crear un dragón verde, pequeño y amigable al que le gustaran los espaguetis? Su nombre sería Spaggie. Spaggie aparecería, sonriente y alegre, en todos los baberos que les diera a los clientes, en cada afiche, en libros de muñequitos que relatarían sus aventuras en el Mundo de los Espaguetis. Humanizar al espagueti por medio de un adorable dragón: enganchar a los niños (y enganchar a sus padres).

A R. B. le gustó la idea. Warren diseñó bocetos, presentó diseños. Los que le estaba mostrando a R. B. en ese momento eran su última revisión de la presentación que le harían a Marcus Salisbury. Después de esto, vendrían dibujos de Spaggie en distintas poses para ilustrar todo lo que podría hacerse con diferentes enfoques publicitarios y promocionales.

"Estoy orgulloso de ti, muchacho," dijo R. B. "Si a Salisbury le gusta la idea, podemos empezar a crear la publicidad regional de Spaguetti Spot y acompañarlos en su crecimiento. Algún día esta podría convertirse en una cuenta nacional."

Warren podía ver los signos de dólar en los ojos de R. B. "Espero que así sea," dijo.

De repente, la expresión de R. B. cambió. "Necesitamos una cuenta como la de Spaguetti Spot. No se lo he dicho a nadie, pero perdimos la cuenta del Hotel Beacon y la del Restaurante de Jeffrey. Tendré que despedir a Cassidy y a Peter."

Warren no sabía qué decir. Cassidy llevaba más tiempo que él en la compañía, mientras que Peter era relativamente nuevo. "Cada uno tendrá que poner de su parte" continuó R. B. "Tendrás que crear y saber vender tus ideas. Si fallas en cualquiera de las dos cosas…" R. B. se encogió levemente de hombros.

Warren pensó en Jed, que había aportado cuatro cuentas a la firma. El cargo de Jed estaba asegurado mientras tuviera esas cuentas, o hasta que…Warren sonrió para sí mismo—R. B. lo descubriera escupiendo en alguna de las macetas de su esposa.

Pero entonces R. B. lo miró seriamente. "Warren," dijo. "Valoro mucho tus habilidades."

Aquí viene, pensó Warren.

"Las aprecio mucho. Tú empezaste desde abajo. No es que les conceda menos valor a los artistas que a los directores de cuentas. Pero tú has demostrado ser increíblemente creativo, y a pesar de que no has traído muchas cuentas nuevas en los últimos dos años, me ha gustado tenerte a bordo."

Aquí viene, pensó Warren.

"Pasamos por tiempos difíciles," dijo R. B. "tiempos implacables. Pero esta cuenta de Spaguetti Spot podría ser muy importante para nosotros. ¿Entiendes lo que digo?"

"Creo que sí."

"No quiero tener que despedir a nadie más. Pero es muy importante que seamos capaces de venderle la idea de Spaggie a Salisbury. Necesitamos la cuenta de Spaguetti Spot," continuó R. B. sonriendo, "sólo así podría asegurar que no será necesario despedir a nadie más. Al menos por un tiempo. Depende en gran parte de ti, muchacho."

Al salir de la oficina de R. B., un solo pensamiento daba vueltas en la cabeza de Warren: Si no consigo la cuenta de Spaguetti Spot, seré historia.

Cuando regresó a su oficina miró los bocetos. No eran exactamente una obra de arte, pero transmitían el mensaje. ¿Cuál mensaje? ¿Alegría o juventud? ¿Sueños de infancia? ¿Apetito, ganas de comer espagueti? ¿Realmente me importa la opinión del dueño de una compañía de comida rápida sobre un pequeño dragón verde con la cola en forma de gancho?

Pensó en la tira cómica en la que había estado trabajando en casa en sus ratos libres. Esperaba vendérsela algún día a una editorial. Entonces podría dejar de preocuparse por vender espagueti, o jabón o alfombras resistentes a las manchas, y podría empezar a preocuparse simplemente por crear historias divertidas. Sin duda, la publicidad era el negocio más divertido del mundo. El problema era que los ejecutivos tenían que actuar como si se tratara de un negocio serio.

Mientras contemplaba el rostro sonriente de Spaggie, una idea empezó a cobrar forma en su mente. Tomó un lápiz y una hoja de papel de calco. Pensó en el rostro de Marcus Salisbury y comenzó a dibujar. Poco después, otro Spaggie empezó a aparecer sobre el papel, pero este Spaggie era diferente. A medida que trabajaba, junto a las antiguas características de Spaggie empezó a revelarse un leve parecido con Salisbury. Warren se dirigió a su mesa de dibujo y comenzó a trazar el contorno de su dibujo. Luego lo delineó con tinta y finalmente lo coloreó hasta tener un dibujo terminado, diferente del diseño original. Ahora tenía dos Spaggies. Sin duda, el segundo era el mejor.

Podría funcionar. Tal vez Salisbury se sentiría halagado con el parecido, quizá incluso agradecería el hecho de poder tocar personalmente la vida de los niños de tres a ocho años que adoptaran a Spaggie como si fuera suyo. Pero, por otro lado, Salisbury podría detestar la idea y considerarla insultante, cerrarle para siempre las puertas a Lucas Communications y no trabajar nunca más con ellos.

¿Debía mostrarle el nuevo dibujo a R. B.? Warren sonrió para sí mismo. No, R. B. había dejado claro que el reto era suyo. Fuera cual fuera, la decisión sería exclusivamente suya. Además, este podría ser el último trabajo divertido que tendría en Lucas Communications.

El teléfono sonó e interrumpió sus pensamientos. Inmediatamente reconoció la voz.

"¿Pauline? ¿Qué te pasa?"

Ella estaba agitada. "¿Podemos encontrarnos para almorzar?"

"Sí, claro, pero ¿qué sucede?"

"Te lo explico cuando nos veamos," dijo. "¿Te parece bien a las once y media en el Carrolton?"

"Sí, allí estaré," dijo él antes de colgar. Hacía dos años que Pauline Craig se había divorciado de Darrell Craig, un oftalmólogo especialista en cirugía de cataratas que trabajaba en el Centro Médico del Hospital Bautista. Tenían una hija fantástica de cinco años, llamada Jennie, a la que Warren adoraba. Pauline era atractiva, pero, para Warren, el hecho de que tuviera una hija como Jennie era un punto aun más fuerte a su favor.

Warren había conocido a Darrell y le había caído bien. Una noche, había tratado de entender qué había salido mal entre Pauline y Darrell.

"Sé que es un oftalmólogo, pero ¿qué viste en él?" preguntó Warren. "¿Por qué te interesaste en un oftalmólogo?"—dijo Warren, tratando de ver la reacción de Pauline a su simpático comentario. De hecho, esa era una de las pocas cosas que no le gustaban de Pauline: ella casi nunca se reía. Al menos no de sus bromas. A él siempre le habían gustado las mujeres que tenían sentido del humor. A diferencia de su madre, Jennie sí se reía.

Odiaba admitirlo, pero el otro reparo que tenía de Pauline era su ferviente participación en una iglesia. De hecho, tenía una opinión bastante conservadora de la Biblia, creía en milagros y en ángeles, así como en la furia divina descrita en el Antiguo Testamento, y esto a

Warren le resultaba difícil de entender. Él no tenía nada en contra de la Iglesia. De niño solía ir con frecuencia, pero había abandonado esa costumbre, y Pauline siempre le pedía que fuera con ella. A decir verdad, era probable que ella también tuviera varios reparos sobre Warren, pero debía de haber algo en él que hacía que ella continuara a su lado.

Pauline no guardaba rencor contra Darrell. Él no se había tomado el matrimonio a la ligera. El problema era más bien el contrario. Según Pauline, que había tratado de explicárselo de una manera amable, ella sentía que la actuación de Darrell en el campo romántico era deficiente. Ella era quien había propuesto el divorcio, pero no había sido una decisión fácil, y a pesar de las estrictas enseñanzas de la Biblia contra el divorcio, sentía que Dios la estaba orientando en esa dirección.

El divorcio había transcurrido en buenos términos y Darrell había aceptado un acuerdo de pensión alimentaria y de cuidado infantil que era más que justo. Luego, Pauline había vuelto a ejercer su profesión como asistente odontológica, y era así como había conocido a Warren. Su dentista, el Dr. Cooper, se la había presentado durante una consulta.

El Carrolton era un restaurante italiano de estilo campestre en el que servían pasta y una magnífica ensalada. Pauline lo estaba esperando en el vestíbulo, vestía un abrigo de lana marrón claro, tres cuartos, sobre su uniforme blanco. Mientras seguían a la mesera que los conducía hacia su mesa, Warren vio platos de pasta, mesa tras mesa y pensó en Spaggie: Te espera un trabajo difícil, pensó.

Los dos ordenaron ensalada y té helado. "Esta mañana ocurrió algo," dijo Pauline. Warren podía notar que ella aún estaba agitada. "Jennie estuvo a punto de morir."

"¿Jennie está bien?" preguntó él tomándole la mano.

Pauline asintió. "Sí, pero casi la atropellan."

"¿Qué fue lo que pasó?" preguntó.

"Estábamos en el estacionamiento de la escuela." Pauline llevaba a Jennie todas las mañanas al Colegio Montessori de camino al consultorio odontológico. "Tuvimos que estacionarnos lejos de la entrada principal. Bajamos del auto, Jennie vio a un amigo, comenzó a correr y pasó justo detrás de un auto que dio marcha atrás de repente a gran velocidad. El conductor no la vio."

Pauline paró de hablar y Warren esperó hasta que finalmente le preguntó: "¿No recibió ningún golpe?"

"No."

"Bueno, tal vez aprendió una lección" dijo con voz de alivio.

"Warren," la voz de Pauline temblaba, "el auto pudo haber atropellado a Jennie."

"Pero dijiste que no lo había hecho. El conductor alcanzó a verla a tiempo."

"No la atropelló porque alguien detuvo al auto."

"Eso es lo que hacen los frenos."

"Algo detuvo el auto," dijo. "Alguien se interpuso entre Jennie y el auto, lo hizo detenerse e impidió su muerte."

Warren la miró fijamente "¿Quién fue?"

Pauline no podía evitar que su voz temblara. "La única que lo vio fui yo. Él desapareció antes de que llegara hasta donde estaba Jennie."

"¿Quieres decir que alguien a quien sólo tú pudiste ver evitó que el auto la atropellara?"

Ella asintió.

Si Pauline hubiera tenido sentido del humor, Warren

se hubiera reído, pero sabía que no lo tenía, así que se quedó callado. El auto no había alcanzado a Jennie, eso estaba claro. Pero un auto se detiene cuando el pie del conductor pisa el freno. Jennie había tenido suerte.

Luego Pauline dijo en voz baja: "Creo que fue el ángel de la guarda de Jennie."

Warren no sabía qué decir. Pauline hablaba en serio, no era el momento para hacer bromas. Ella realmente creía que se trataba de un ángel. La Biblia hablaba sobre los ángeles, claro, pero ella estaba imaginando haber visto uno en pleno siglo XXI.

Esa tarde trabajó en Spaggie, trataba de perfeccionar su parecido con Salisbury. Tenía dos días más para terminar toda la propuesta. Si el proyecto piloto tenía éxito, los ajustes necesarios podían hacerse antes de lanzar la campaña regional. Spaggie se convertiría en el símbolo de todos los restaurantes de Spaguetti Spot en los estados de la región sudeste.

Claro, todo esto sólo sería posible si Marcus Salisbury aceptaba la propuesta.

A las cuatro de la tarde salió de su oficina y se dirigió a la cocina; quería una taza de café. Hazel estaba sentada a la mesa y tomaba un jugo. Él sirvió su café, vaciló y, finalmente, se sentó en una silla frente a la mesa de Hazel. Ella le sonrió y él bebió su café a sorbos, mientras la miraba fijamente. Era difícil dejar de mirarla. Luego se sorprendió a sí mismo diciendo:

"¿Cenarías conmigo esta noche?" No podía creerlo, no era su intención invitarla a salir. Merecía que lo rechazara de plano.

Pero, en lugar de esto, Hazel lo observó durante un largo rato y luego le preguntó: "¿Está seguro?"

"Sí," dijo Warren, que de repente quería que ella aceptara la invitación.

"¿Por qué?"

"Hace mucho que quiero invitarte a salir."

"Pero ¿por qué esta noche?"

El rostro de Pauline cruzó rápidamente por su mente y se encontró diciendo: "Tal vez sólo quería saber si tenías sentido del humor."

Ella parecía desconcertada. "Está bien," dijo Warren. "Intentémoslo otro día. Te avisaré con más anticipación."

"O.K." dijo ella. Él sonrió y comenzó a levantarse.

"¿Cuándo?" preguntó ella.

"¿Cuándo qué? Ah, bueno, ¿qué tal el viernes?"

"Quiero decir, ¿a qué hora esta noche?"

"¿Esta noche?"

"Dije que sí, que cenaría con usted esta noche." Hazel sonreía con burla. "Le cuesta comunicarse, ¿no es así, Sr. Young?"

"¿Qué tal a las ocho?" dijo él. "Y por favor no me llames Sr. Young."

"Vivo en el edificio Rayburn. ¿Sabe dónde queda?"

Él asintió con la cabeza. "Segunda Avenida, del lado norte, junto al Riverfront."

"Puede estacionarse en la parte de atrás. Sólo tiene que llamar por el intercomunicador. Lo dejaré pasar."

De repente Warren se sintió mejor que en mucho tiempo. Podría descubrir muchas otras cosas sobre ella esa noche, pero ya sabía que tenía sentido del humor.

Las construcciones de la Segunda Avenida junto al Riverfront eran una serie de edificios restaurados construidos originalmente en el siglo XIX y comienzos del XX. En aquella época, la vida comercial de la ciudad se concentraba alrededor del río. Ahora, tras décadas de deterioro continuo, el centro de la ciudad pasaba por un proceso de renovación, respaldado por el dinero recaudado de los impuestos locales y por arriesgados inversionistas. Nuevos negocios abrían sus puertas en edificios remodelados de acuerdo con su estilo y esplendor originales. Habían creado un parque a la orilla del río y los nuevos apartamentos atraían a aquéllos que querían vivir a la vanguardia de las nuevas tendencias en vivienda. Gran parte de los nuevos establecimientos estaban conformados por restaurantes para los amantes de los mariscos, las pastas, las carnes y los platos exóticos.

Al entrar al estacionamiento detrás del edificio Rayburn, Warren se dio cuenta de que quería comer pescado al limón, una especialidad de Cutter's Cuisine, un restaurante que quedaba a tres cuadras de la Segunda Avenida y desde el cual se veía el río.

Llamó por el intercomunicador, subió en el ascensor hasta el tercer piso y se detuvo frente al apartamento D. Tocó a la puerta, y cuando ésta se abrió, Warren se quedó sin respiración.

Hazel se había soltado el cabello, que caía libremente sobre su rostro en ondas brillantes, con su color rojizo natural. Llevaba un vestido de color verde tejido que se ceñía a cada curva de su cuerpo. Alrededor del cuello tenía un collar de oro que concentraba la atención de Warren en el rostro de Hazel. Warren se dio cuenta de que tenía la boca abierta y la cerró rápidamente.

Ella sonrió y de alguna manera él supo que todo era obra del destino. Y no le molestaba en absoluto.

Ella propuso que fueran caminando hasta Cutter's, pues en ese sector los pocos estacionamientos disponibles siempre estaban ocupados. Había muchas personas en la calle y Warren disfrutaba al contemplar la variedad de tiendas con acceso directo desde la calle.

Al llegar a Cutter's se sentaron en una mesa bajo una gran ventana con vista hacia el río. Un barco de vapor atracaba cerca de allí, y Warren podía ver a los turistas que caminaban por el corredor para subir a bordo.

La comida era perfecta, el pescado sabía perfecto, el servicio era perfecto, la conversación era perfecta, y Warren se dio cuenta de que había sido un tonto al no haber invitado a esta mujer a salir meses atrás. Pensó en Jennie, y por un momento se dejó llevar por el pensamiento de que algún día él y Hazel podrían tener a su propia Jennie.

"¿En qué estás pensando?" La voz de Hazel lo sacó de sus pensamientos. Él se sonrojó y mientras ella lo observaba tartamudear algún tipo de respuesta, ella tuvo el presentimiento—quizá el tipo de perspicacia que sólo se adquiere gracias a alguna vieja sabiduría femenina—de que este hombre, que era capaz de sonrojarse, sería especial en su vida.

Permanecieron en el restaurante más de dos horas; cada uno hablaba y compartía su historia personal y así, al escuchar las preocupaciones y ambiciones del otro, el vínculo que los unía se hacía cada vez más fuerte. Al salir, Warren dejó una propina más generosa de lo habitual.

Afuera, la calle estaba casi desierta; había pocas personas caminando y el tráfico había disminuido. De repente, a Warren lo invadió una duda intensa, tuvo un mal presentimiento acerca de su seguridad. En ese momento deseó haber estacionado el auto cerca de allí. Mientras caminaban despacio, trataba de calmarse, y se repetía a sí mismo que la mala reputación del centro de la ciudad ya no tenía justificación. Ahora había mucha más iluminación en las calles y las obras de remodelación habían ahuyentado a los borrachines y a los mendigos.

Caminaban muy cerca uno del otro, ella sujetaba su brazo mientras él le hablaba sobre Spaggie y sobre su propuesta para la reunión con Salisbury. Warren no mencionó que sentía que su futuro en Lucas Communications dependía de aquella reunión, así como tampoco quería que ella percibiera que él estaba intranquilo por lo que pudiera pasar mientras caminaban de vuelta hasta su apartamento.

No veía nada por lo que pudiera preocuparse. Estaban a sólo dos cuadras del edificio de Hazel. Ocasionalmente, un auto pasaba cerca de ellos. La calle estaba bien iluminada. Pero su sensación de desconfianza persistía.

Al llegar a la mitad de la cuadra, Warren vio un pequeño callejón que comunicaba la Segunda con la Primera Avenida. Al acercarse, notaron que un hombre salía del callejón y se recostaba contra la esquina de un edificio, justo frente a ellos. El hombre los observaba, sin cambiar de posición, y Warren sintió un escalofrío.

Siguieron caminando, cada vez se acercaban más al extraño sujeto. Warren apretó la mano de Hazel con fuerza, para tratar de tranquilizarla. El hombre tenía derecho a estar allí, pero a Warren no le gustaba la manera como los observaba, y sentía una tensión en la boca de su estómago que aumentaba a medida que avanzaban. Podía sentir que sus músculos se ponían tensos, anticipando algo desagradable. ¿Será que el sospechoso tenía un cuchillo? ¿Un arma? ¿Quería atracarlos? Warren estaba preparado para cualquier cosa. En su interior, crecía una sensación de furia. Nadie amenazaría a la mujer que estaba a su lado. Estaba listo para atacar, golpear si fuera necesario, y no tendría compasión.

Ya estaban a diez pies de distancia y cada vez se acercaban más. El hombre seguía mirándolos. Entonces pasaron por su lado, y pronto lo dejaron atrás. Warren se dio vuelta para mirarlo. El hombre no dejaba de observarlos pero no se movía. Warren hizo que Hazel caminara más deprisa.

Finalmente le dijo: "¿Sentiste algún peligro cuando pasamos al lado de ese sujeto?"

"Sí, pero, por alguna razón, no estaba preocupada, respondió ella."

Él se sintió aliviado al escuchar su respuesta.

Al llegar a la puerta del apartamento, ella le sonrió y le dijo: "La pasé muy bien."

Él quería decir algo que fuera inolvidable. Pero todo lo que se le ocurrió fue: "Yo también...quisiera que nosotros" su voz se apagó.

Ella aún tenía esa maravillosa sonrisa en su rostro y dijo suavemente: "Lo sé."

"¿Cenamos el viernes?" preguntó Warren. Ella asintió, y cuando él empezó a darse la vuelta, ella lo tomó por el brazo.

"Un momento," dijo ella, y puso sus brazos alrededor del cuello de Warren. Hizo que él inclinara un poco la cabeza y luego sus labios le trasmitieron una descarga de felicidad.

A la mañana siguiente, Warren despertó con ganas de cantar y silbar. Sentía como si estuviera flotando muy alto. Pero silbar mientras se rasuraba no era una buena idea, se hizo una cortadura que contuvo con un poco de papel higiénico. Él mismo se preparó el desayuno—jugo de naranja con huevos y tocino—. ¡Definitivamente se sentía muy bien!

Luego dio una rápida hojeada a las noticias locales, antes de salir para el trabajo.

Una noticia captó su atención. El periódico hablaba de un atraco en la Segunda Avenida la noche anterior, cerca del edificio Rayburn. Una pareja había sido abordada cerca de un callejón alrededor de las 11:15 p.m. El hombre había recibido un disparo y había sido llevado al Hospital Mary en estado crítico; su esposa había sufrido una lesión en la cabeza pero luego había sido dada de alta. Más tarde, un sospechoso había sido detenido.

Warren llamó a la estación de policía. Después de explicar que había visto a un hombre merodeando cerca de un callejón en esa área la noche anterior, el sargento le pidió que fuera a la estación. Llamó a la oficina para avisar que llegaría tarde y se dirigió a la estación, donde lo llevaron con el Sargento O'Malley. Al escuchar el relato de Warren, el sargento asintió.

"Le agradezco que haya venido," dijo, mientras se dirigía a un armario y tomaba un archivo. Pasó las hojas hasta que encontró lo que estaba buscando, y entonces le mostró a Warren fotos de frente y de perfil de cuatro hombres. El sargento señaló una de ellas.

"¿Es este el sujeto que usted vio?"

Warren lo reconoció. Estaba más delgado, pero no había duda. "Es él," dijo. Tenemos una descripción de él hecha por la Sra. Patterson, la esposa de la víctima del disparo. Ella tuvo suerte de que no le disparara sino que la golpeara en la cabeza. Uno nunca puede prever lo que harán sujetos como Nick Pillow.

"¿Ese es su nombre?" preguntó Warren.

"Sí. Ya ha cumplido dos sentencias. Ahora estará fuera de circulación durante un buen tiempo."

"Tuve un presentimiento acerca de él," dijo Warren.

"La manera como nos miraba. Pasamos justo por su lado. Pensé que nos haría algo, pero simplemente nos dejó pasar."

"Ustedes tuvieron más suerte que los Patterson."

Warren vaciló: "Sargento, sé que esto puede sonarle tonto pero, ¿puedo verlo?"

El sargento lo miró extrañado. "¿Por qué?"

"Obviamente él quería robar a alguien. Quisiera saber por qué nos dejó pasar. ¿Por qué escogió a los Patterson y no a nosotros?"

El sargento sonrió. "Tal vez fue su ángel de la guarda."

"Hablo en serio, Sargento."

El sargento se encogió de hombros. "Bueno, ¿por qué no? Pero quizá no le hable."

"Quisiera intentarlo."

El sargento lo condujo por una serie de puertas que se abrían automáticamente. Luego caminaron por un pasillo que tenía celdas a cada lado, y se detuvieron casi al final.

"¡Hey, Pillow!," gritó el sargento. "Hay alguien que quiere hablar con usted."

Nick Pillow estaba acostado en su catre, con un brazo sobre su rostro. Su voz sonaba apagada. "No tengo a nadie con quien hablar."

"¡Venga acá!" dijo el sargento. Nick apartó el brazo de su cara y miró con los ojos entrecerrados.

"Váyase," gritó.

"Sólo quiero hacerle una pregunta," dijo Warren.

Nick se incorporó lentamente, luego se puso de pie vacilante y se dirigió a la reja. "¿Qué quiere?"

"¿Me recuerda?" preguntó Warren.

Nick entrecerró los ojos. "No."

"Anoche. Cerca del callejón. Pasé junto a usted."

Nick lo miró de nuevo. "¿Usted era el que estaba con aquella pelirroja buenísima?"

"¿Lo recuerda?"

"Sí, lo recuerdo."

"Usted nos dejó pasar. Me pregunto por qué."

"Usted debería saberlo," dijo Nick.

"No, realmente no lo sé. Tengo curiosidad. ¿Por qué nos dejó seguir?"

Nick sacudió la cabeza hacia atrás y hacia delante. "¡No estoy loco!"

"¿De qué habla?"

"El sujeto que venía caminando detrás de usted parecía peligroso. Me miraba fijamente, directo a los ojos y tenía la mano en el bolsillo, como si llevara una pistola. Yo no pensaba hacerles nada con él allí atrás."

Warren miró al sargento, que tenía una expresión inquisitiva. Se volvió hacia Nick y le dio las gracias. Luego se dirigió hacia el sargento y regresaron por el pasillo.

Al llegar a las oficinas de la estación, Warren le dijo: "Sargento, anoche no había nadie caminando detrás de nosotros."

"Sin duda él vio algo."

"Pero no había nadie."

El sargento lo miró fijamente. "¿Sabe? Hice esa broma sobre su ángel de la guarda, pero ahora ya no me causa risa."

2

El Ángel de Gale

*Clamamos entonces al Señor para que nos ayudara. Él
nos escuchó y envió un ángel*

—Números 20:16

A Gale Hunter le gustaba tener dieciséis años. Tenía su
propia licencia de conducir. ¡Hurra! Pero en realidad
aún no estaba tan interesada en tener su propio auto, al
menos no mientras pudiera conducir su motocicleta,
una Honda Shadow VT-600 negra. Su madre se enojó
mucho con su padre cuando él le regaló la moto por su
cumpleaños. Gale los había escuchado discutir una
noche, y así se había enterado de que recibiría la motocicleta. Entonces decidió que complacería a su madre
al elegir un color sobrio, el negro era lo suficientemente
sobrio para cualquiera.

Pero, por alguna razón, el color no parecía hacer que
su madre apreciara la belleza de la moto, así que tal vez
debió haberse quedado con el rojo, que era el color que
ella quería. Con seguridad, a su papá no le hubiera im-
portado.

Él tenía su propia moto—una Honda Shadow VT-

28

1100 similar a la suya, pero mucho más potente. Papá decía que era lo último en motocicletas. Le había enseñado a conducir en ella, pero no quería que la primera moto que tuviera fuera tan grande. Sin embargo, el hecho de que ella pudiera manejar su moto le daba un poco más de confianza de que ella podría conducir cuidadosamente.

Pero eso no aliviaba la preocupación de su madre.

"No me importa, Justin," había dicho. "Gale no debería tener su propia motocicleta. Dale un auto."

"Ella prefiere la moto."

"Es peligroso y a mí no me gusta."

"Ella conoce todas las reglas de seguridad, y conduce muy bien."

"¿Por qué no será más parecida a Donna?"

Las palabras mágicas. Rápidamente él sonrió burlón, y luego se puso serio. "Escucha, Della, Gale y Donna son dos personas diferentes. Las amo a las dos tal como son, pero Gale no va a imitar a Donna."

"Todo gracias a ti," dijo ella.

"¿Qué quieres decir con eso?"

"Tú sabes a que me refiero."

"No, dímelo."

"Has tratado de hacer que Gale sea como tú porque nunca tuvimos un hijo."

Transcurrió un rato largo. En el cuarto de al lado, Gale contenía la respiración.

"Haré de cuenta que nunca dijiste eso," dijo él, suavemente, sin alterarse.

"Tú querías un hijo, y la has tratado como si fuera un niño desde que nació."

"Estás molesta. Tú realmente no piensas así. Sabes que yo no cambiaría nada en Gale. Me alegra que sea una niña. Prefiero tenerla a ella que a diez hijos varones. Pero le he dado la oportunidad de disfrutar de las cosas que yo disfruto, y hacer las cosas que yo hago. Hice lo mismo con Donna. Pero Donna no estaba interesada en lo que tú llamas 'cosas de chicos.' Gale sí. No he forzado a ninguna de las dos para que sean diferentes de lo que han querido ser. Gale es como es porque ella es Gale. Y punto."

"Pero mírala. Le gusta la caza y conduce una motocicleta. Y mira cómo se viste, no demuestra ningún interés por las fiestas, por conocer nuevos amigos o salir con chicos. Para cuando cumpla dieciséis espero que haya cambiado."

"¿Que sea más parecida a Donna y a ti?"

Ella lo miró fijamente.

"¿No te parece que Donna es más normal?" preguntó ella.

Él negó con la cabeza. "No," dijo. "A veces creo que tu imagen del mundo corresponde con la realidad de hace cincuenta años. Hoy en día, Gale tiene más libertad para crecer con naturalidad. Deja que Gale sea Gale, y que Donna sea Donna. Y no te preocupes porque una sea diferente de la otra, o diferente de ti."

"Parece que nada de lo que diga te hará cambiar de opinión sobre la motocicleta."

"Ella está ilusionada con la moto y no voy a decepcionarla."

Entretanto, Gale había regresado en silencio a su cuarto, había cerrado la puerta y se había tumbado en la cama. Amaba a su madre, pero siempre se había sentido más unida a su padre. Desde pequeña, siempre había sentido una cercanía especial con él, como la que percibía entre su madre y Donna. A ella siempre le había gustado la actividad física. Cuando era niña, jugaba básquetbol con los chicos, subía a los árboles, saltaba sobre los techos, montaba a caballo, escalaba, acampaba y se aventuraba en casas embrujadas, incluso cuando los chicos se sentían temerosos. Hasta había entrado en varias peleas para defender su opinión, pero nunca se había considerado a sí misma como alguien "diferente."

Era distinta de Donna y de su madre, pero ellas eran las que eran "diferentes."

Sin embargo, últimamente había empezado a pensar diferente respecto a los chicos. Comenzaban a parecerle más interesantes, en especial uno de ellos. En ocasiones anteriores había visto a otras chicas hacer cosas sin sentido a causa de algún chico y contarse cosas tontas sobre sus citas. Pero ella tenía sus propios amigos varones, y ellos la trataban como a cualquier otro del grupo. De hecho, sentía cierto desdén por las chicas que dejaban que su mundo girara alrededor de lo que dijeran o hicieran los chicos.

Su mejor amigo era Danny Moeller. Estaban en el mismo curso y ambos querían ser periodistas. En realidad, Danny quería llegar a ser un novelista, mientras que Gale quería convertirse en columnista de varios diarios y escribir sobre hechos nacionales e internacionales. Pero los dos imaginaban que primero trabajarían como reporteros de un periódico de alguna ciudad grande. Los dos estaban en el grupo encargado del periódico escolar.

Habían salido juntos al cine en algunas ocasiones, y el hecho de que algunas chicas cuchichearan sobre ella y su amigo no le molestaba. No le importaba lo que ellas pensaran o dijeran porque Danny era un buen amigo. Los dos podían contarse cosas importantes sin tenerse que preocupar de que alguien más se enterara de lo que habían dicho. Siempre estaban dispuestos a ayudarse, pero últimamente Danny había empezado a comportarse de manera extraña con ella, y esto la perturbaba. La última vez que habían estado en el cine él había tratado de tomar su mano y eso la había hecho sentirse incómoda. Y luego había tratado de besarla al despedirse. Ella se había apartado y él se había sentido avergonzado. Esa noche todo había salido mal y ella había pensado: "No volveré a salir sola con Danny."

Pero lo extraño era que, de cierta manera, ella sabía cómo se sentía él, porque en los últimos meses había estado pensando en Arnie Stover y sabía que si trataba de besarlo, él la hubiera rechazado de la misma manera.

Arnie era el novio de Donna. Gale lo había visto muchas veces, cuando él pasaba por su casa para recoger a su hermana. Era habitual verlos juntos. Todos los chicos se sentían atraídos por Donna, pues tenía una figura y un rostro que parecían los de una modelo. En efecto, ella estaba considerando la posibilidad de ejercer el modelaje como profesión, y planeaba estudiar en Nueva York después de su graduación, en la primavera siguiente. Arnie, que seguramente ganaría una beca en alguna de las mejores universidades como jugador de fútbol, era uno de los mejores deportistas con un gran futuro en el país.

Donna podía escoger al chico que quisiera como su novio, y había elegido a Arnie. Gale entendía por qué. Siempre había visto su espalda y su pecho anchos, su cintura esbelta, su rostro de rasgos finos, su cabello rubio bien cuidado, pero últimamente había notado ciertos detalles, por ejemplo que una de las comisuras de su boca se arrugaba un poco más cuando sonreía, que sus ojos azules parecían volverse más oscuros cuando hablaba sobre fútbol, y que su risa tenía un sonido casi musical. Y también se había dado cuenta de lo que ella sentía en su estómago cuando él entraba a su casa o le decía algo.

El año anterior, cuando aún estaba en segundo año de secundaria, Gale lo había visto y le había parecido que no era más que un chico apuesto con músculos. Ahora veía algo más en él, y esa era una sensación que no entendía y que tampoco le agradaba.

¡Era el novio de Donna, por el amor de Dios! Gale no se parecía ni un poco a su hermana, y estaba orgullosa de que fuera así. ¿Por qué habría de gustarle el mismo chico que le gustaba a ella? Le daba rabia pensar en ello, pero lo que más le molestaba y no quería admitir era la sensación de que ella no podría compararse con su hermana cuando se trataba de atraer la atención de un chico. Donna siempre ganaría. Y a Gale no le gustaba perder contra nadie, especialmente contra su hermana.

Gale se dirigió al garaje y se puso su casco negro. Llevaba los libros de la escuela en el maletero de la moto. ¡La escuela! Tener que comenzar las clases dos días antes del Día del Trabajo, ¡eso ya era el colmo! El año anterior, la escuela había tenido que cancelar varios días de clase por mal tiempo, y ahora debían recuperarlos, ¡pero el calendario escolar no debería empezar antes del Día del Trabajo! Era verano, las piscinas aún estaban funcionando. Nadar, eso es lo que hubiera querido hacer. Al menos podía hacer planes para ir al lago durante el día festivo. Entonces podría nadar.

Encendió su motocicleta y el motor cobró vida rápidamente. Giró con su mano derecha la manivela y sintió la vibración de la máquina que respondía a sus órdenes. Pensó en su hermana, que acababa de salir para la escuela en el auto de Arnie. Donna nunca apreciaría la sensación de libertad que se siente al conducir una motocicleta. Luego pensó en Danny, había quedado en recogerlo. Después de su última salida al cine, se había sentido renuente a buscarlo. Pero él había sido su primer pasajero a bordo de la motocicleta, y ella había prometido llevarlo a la escuela mientras hiciera buen tiempo. Sólo esperaba que no fuera a mirarla con cara de tonto.

Claro que si Arnie la mirara así...

Pero rápidamente alejó ese pensamiento de su mente, el sexo lo complicaba todo. En realidad se sentía halagada de que Danny la considerara atractiva. Y si Danny pensaba que ella era bonita, tal vez otros chicos también lo hicieran.

¿Quizá incluso Arnie?

Pero luego se dijo: "No. Date prisa. Es hora de ir a la escuela." Aceleró, y la llanta trasera chirrió. En casa, su madre, que la miraba por la ventana, hizo una mueca y miró a su esposo como queriendo decir: "Te lo dije."

"No te preocupes por Gale," dijo él. "Ella sabe conducir bien."

"Si le hubieras dado un auto, yo no tendría que preocuparme."

"Ya llegará el momento en que quiera un auto. Ella quería la moto primero."

La madre le sirvió café a su esposo. "La complaces demasiado."

"No más que a Donna. Una de las razones por las que siempre he trabajado duro es porque quiero que tengamos la posibilidad de darles a nuestras hijas lo que quieren."

Bebió un sorbo de café. "Podrás empezar a preocuparte cuando Donna se vaya a Nueva York."

"Donna es una chica muy sensata. La escuela de modelaje tiene buena reputación, y si las cosas no resultan, está preparada para estudiar diseño de jardinería en la Escuela Técnica de Georgia."

"Lo sé, pero Nueva York es una ciudad muy grande."

Della sonrió. "Donna merece tener la oportunidad de ser modelo. Muy pocas niñas son bendecidas con una belleza como la suya. Y si logra tener éxito, no sólo ganará mucho dinero, sino que tendrá la oportunidad de viajar y conocer muchas partes del mundo. Es una posibilidad remota, pero ¿por qué no intentarlo?"

"Ella es lo suficientemente hermosa, es verdad."

"De cualquier manera, quiere estudiar diseño de jardinería. El modelaje sólo aplazaría sus planes de estudio por unos cuantos años," bebió un sorbo de café y puso la taza sobre la mesa. "¿Sabes que es por ti que quiere entrar a la facultad de diseño?"

"Ella ha crecido rodeada de diseños de jardinería."

"Pero tú hiciste que le gustara. La manera como dejabas que te ayudara desde pequeña, como le hablabas y la estimulabas, la hicieron sentir que tenía cierto talento para ello."

"Y lo tiene. En verdad tiene instinto."

"El punto," continuó Della, "es que creo que ella siempre ha sentido celos de Gale."

"Debes de estar bromeando."

"Piénsalo. Gale era la niña poco femenina, ella era la que estaba más cerca de ser tu hijo, era la única que lograba distraer tu atención cuando estabas trabajando, fue a ella a la que le enseñaste a cazar, la que corría a subirse contigo a la camioneta..."

"Yo simplemente traté de aceptar a cada una tal

como era. A Gale le gustaba armar el alboroto, a Donna le gustaban las cosas tranquilas y refinadas como el Garden Club."

"Creo que más que ir al Garden Club, Donna era del tipo de chicas que disfrutan con un buen picnic."

"Él negó con la cabeza. "Hablas como si todo fuera por mí."

"¿A qué te refieres?"

"A tu influencia en Donna. Ella siempre quiso ser como tú. Y las dos sienten celos. Gale no puede evitar sentirse celosa de Donna, especialmente ahora que está creciendo."

"¿Por su apariencia?"

"Por su apariencia *y* por la manera como atrae a los chicos."

Gale tocó la bocina frente a la casa de Danny, era una construcción de estilo colonial, blanca, de dos pisos, con un jardín bien cuidado. Danny salió corriendo, Gale tomó sus libros y los puso dentro del maletero. Después, le pasó el casco extra que estaba sujeto detrás de la silla. Él se lo puso y se sentó detrás de ella.

"Sujétate," dijo Gale. Los brazos de Danny le rodeaban la cintura. Cuando Gale aceleró para arrancar, Danny se sacudió hacia atrás.

"Acelera," dijo Danny. Gale sonrió. Danny parecía tonto pero no actuaba como tal. Llegaron a un tramo abierto de la carretera y ella aceleró con la manivela para producir un tirón repentino. Danny se sujetó con fuerza y se rió. Gale pensó que Danny aceptaría embarcarse casi en cualquier aventura, menos en saltar al lago desde la plataforma de veinte pies. No nadaba bien y siempre se había rehusado a lanzarse en clavado.

Cuando pararon frente a la escuela, la voz de Danny expresaba admiración. "Esta moto es genial."

Ella sujetó los cascos a la motocicleta y sacaron los libros del maletero.

"¿Nos vemos en la cafetería?" preguntó él. Ella vaciló y entonces él se apuró a decir: "Lo olvidé. Tengo que encontrarme con Sam Kennedy y ayudarle con un tema de trigonometría. Apenas estamos en la primera semana de escuela y él ya está sufriendo."

"Claro," dijo Gale mientras sonreía. "Nos vemos en la reunión del periódico."

"Sí." Él se alejó y se dio vuelta para mirarla. "Chao."

"Chao," respondió Gale, que se sentía aliviada. Aún le gustaba Danny, pero no de esa manera. Quería que las cosas volvieran a ser como antes, y sabía que con el tiempo volverían a serlo.

Cuando estaba abriendo su casillero, apareció a su lado Renee Watkins, su mejor amiga después de Danny. "¿Supiste? Cristal Talbert por poco se ahoga la semana pasada."

Gale no había escuchado nada al respecto.

"En el lago. Trataba de atravesarlo nadando."

"¿Alguien más estaba con ella?"

"No, salió a nadar sola. Tú sabes que nada muy bien."

"¿Qué sucedió?" preguntó Gale mientras se dirigían a la clase de literatura inglesa. "En una conversación, su novio le había dicho que él no sería capaz de atravesar todo el lago y Renee dijo que ella sí podría hacerlo. Discutieron, y ella empezó a nadar."

"¿Qué hizo él?"

"La observó. Según me contaron, él siempre pensó que ella se devolvería. Pero no lo hizo, entonces él tomó un bote e intentó alcanzarla. Se dio cuenta de que ella estaba en problemas, pero estaba tan lejos que sólo pudo alcanzarla después de que ella ya se había hundido."

"¡Estás bromeando!" exclamó Gale.

"Él tuvo que sumergirse para sacarla, y luego, en el bote, tuvo que darle respiración boca a boca."

"¿Cómo está ella?"

"Bien."

Gale sonrió. "Apuesto a que a él no le importó darle respiración boca a boca."

Entonces Renee también se rió. "Ese lago es demasiado ancho como para atravesarlo nadando."

"Pete Rankin ya lo hizo."

"Pero debes tener en cuenta que él es muy fuerte. Crystal es…" su voz se fue apagando.

"¿Que Crystal es una chica? ¿Es eso lo que ibas a decir?"

"Crystal no es tan fuerte."

"Cuando se trata de resistencia, una mujer es tan fuerte como un hombre. Yo podría atravesar el lago."

"Si piensas intentarlo, al menos asegúrate de que alguien te acompañe."

A la hora del almuerzo, cuando estaban entrando a la cafetería, Gale vio a su hermana, que estaba almorzando con Arnie.

"Hacen una pareja muy linda" dijo Renee.

"Vamos a sentarnos con ellos," dijo Gale, mientras se dirigía hacia la mesa.

"No parece que quieran compañía" dijo Renee, pero aun así la siguió.

"¿Les importa si nos sentamos aquí?" preguntó Gale y se sentó antes de que Donna pudiera responder.

Donna no parecía nada entusiasmada, pero Arnie las saludó amablemente.

"Hola, hermanita," dijo él. "Renee, acerca un asiento." Empujó un asiento y Renee se sentó a toda prisa. Luego miró a Gale.

"Me gusta tu moto."

"¿Quieres conducirla?"

"Claro."

Gale miró a Donna con malicia. "Podrías llevar a Donna a dar un paseo."

Donna frunció el ceño y Arnie se rió.

"¿Quieres decir que ella nunca ha montado en la moto?" preguntó y miró a Donna, que en ese momento se llevaba a la boca un par de judías.

"Creo que está esperando para montar con alguien a quien quiera abrazar por la cintura," dijo Gale.

Arnie se rió de nuevo. "Para eso es para lo que sirve una moto. ¿Quieres dar una vuelta conmigo, Donna?"

"Detesto las motocicletas," dijo Donna, "y tú lo sabes."

"Creo que le preocupa que el viento despeine su cabello," dijo Gale.

Donna observó fijamente a Gale. "Algunos tenemos mejores cosas que hacer que montar en motocicletas."

"Ay, relájate," dijo Arnie, sólo estábamos bromeando."

"Si quieres conducir la motocicleta, tal vez deberías salir con mi hermana."

"¡Hey, no voy a conducirla! Al entrenador le daría un ataque. Nadie en el equipo puede montarse en una motocicleta hasta el final de la temporada."

"Desde luego," dijo Donna, "el entrenador no te dejaría. Pero ese no es el punto."

"No, no quise decir eso," replicó él.

"Nunca lograrás que me suba a una motocicleta."

"No lo intentaré."

Donna tomó el último sorbo de su té helado. "Tengo que llegar temprano a clase," dijo mientras se levantaba, y entonces Arnie se puso rápidamente de pie.

"¿Nos vemos esta noche?" preguntó él.

"Tengo que estudiar," respondió ella.

"Déjame ir a tu casa. Necesito un poco de ayuda con los problemas de álgebra."

"Habla con ella," dijo Donna. "Gale es un genio para las matemáticas y las motos." Entonces Donna se marchó y Arnie se sentó lentamente.

"¿Qué hice?" preguntó Arnie.

"Bienvenido a la familia," dijo Gale. "En casa discutimos por ese tipo de cosas todo el tiempo."

"Pero ¿por qué le molesta tanto el tema de las motocicletas?"

Gale sonrió. "Porque yo tengo una."

Al terminar las clases, el grupo del periódico se reunió para planear las actividades de la semana. El Sr. Herbert Bennet, periodista y profesor estaba hablando:

"…Y bien ¿todo el mundo tiene clara esta tarea?"

Gale levantó la mano. "¿Está seguro de que quiere que entreviste a la presidente de New Life?"

"¿Por qué no habrías de hacerlo tú?"

"Es que nunca he estado interesada en sus actividades."

"Es uno de los grupos más activos de la escuela."

"Lo sé, pero son muy religiosos para mi gusto… Betty" dijo, mientras le hacía una señal con la cabeza a Betty Miller, "podría ser más receptiva, ella podría hacer un mejor trabajo."

"No vamos a dejar de cubrir un evento como este.

Estamos en busca de noticias, es decir, de informar con objetividad. Deberías escribir el artículo precisamente porque no estás involucrada."

"Pero una vigilia de oración…" Gale dejó que su voz se apagara.

"Es lo que hace que sea noticia. Van a realizar la vigilia de oración por una compañera de clase que está muriendo en el hospital. Tal vez tú no creas que la oración ayude, pero el hecho de que un grupo de nuestros estudiantes rece veinticuatro horas al día es noticia."

Danny levantó la mano. "Yo me encargaré de esa tarea, Sr. Benett."

"Tú eres nuestro reportero para los deportes, Danny, tienes una entrevista importante con el entrenador."

"Yo lo haré," dijo Gale.

El Sr. Bennett sonrió. "Bien."

Esa noche, después de la cena, Gale llamó a Tina Willard, la presidente de New Life. Quedaron de encontrarse a las 8:00 en la Iglesia Metodista de la Segunda Avenida, donde se estaba realizando la vigilia.

"Entra por el estacionamiento de atrás," dijo Tina. "Yo te esperaré en la puerta."

Cuando Gale se estaba abotonando el abrigo, su madre le dijo: "Ten cuidado, cariño."

"¿Estás segura de que tienes que salir esta noche?" le preguntó su padre.

"Ésta es la mejor hora para conducir," dijo, y le lanzó un beso. Cuando salía, oyó la voz de su hermana, que llamaba a su madre. "¿Estás segura de que Arnie no llamó mientras yo estaba en la ducha?"

Gale sonrió con malicia al cerrar la puerta detrás de sí.

La Iglesia Metodista de la Segunda Avenida acababa de celebrar su aniversario número cien tan sólo dos meses atrás. A la entrada, seis escalones llevaban a un pórtico de concreto que tenía cuatro enormes columnas redondas que, a su vez, sostenían un cielo raso en forma de "V" invertida con una cruz iluminada en el centro. Gale le dio la vuelta a la Iglesia en dirección al estacionamiento. Se detuvo cerca de la puerta y vio a Tina, que estaba parada justo en la entrada.

Gale no estaba más animada respecto a su entrevista de lo que había estado en la tarde en la reunión, pues conocía a Candice Sutton, la chica que estaba muriendo de leucemia en el Hospital de St. Mary. A Gale no le gustaba tener que hablar mucho sobre su estado. Pero lo que más aprensión le producía era el grupo en sí.

New Life era un club religioso formado por varias denominaciones, que funcionaba en la escuela, y estaba integrado por alumnos conservadores. Por ley, no podían reunirse en las instalaciones de la escuela para sus prácticas religiosas, y era por ello que estaban realizando la vigilia en la iglesia. Gale se dio cuenta de que la preocupación de Tina por Candice y su deseo de hacer algo por ella eran reales. Para ellos "la oración transforma las cosas." Pero Gale no creía en ello, y se sentía incómoda entre personas que sí lo creyeran.

Tina le abrió la puerta y la condujo a un salón desierto, al lado de la capilla. Cuando ya estaban sentadas, Tina dijo: "No entendí muy bien de qué querías hablar."

"Queremos publicar un artículo sobre New Life, sus objectivos y sus actividades. Pero lo que están haciendo ahora es especial, apela a nuestro sentido de humanidad; empezaríamos con eso y luego pasaríamos a cosas más generales."

Tina asintió y Gale comenzó a hacerle preguntas: ¿Cuándo empezó la vigilia de oración? ¿De quién fue la idea? ¿Cuántas personas estaban ayudando en la vigilia? ¿Cuántas personas entraban a la capilla al mismo tiempo? ¿Sabía Candice que ellos estaban haciendo la vigilia de oración? ¿Qué pensaban sus padres de la idea? Luego, Tina dijo algo que hizo que Gale parara de escribir.

"Sé que Candice morirá," dijo. Gale se preguntó entonces que si Tina pensaba así, ¿para qué ofrecer una vigilia de oración?

"Un ángel nos lo pidió," dijo Tina.

"¿Viste a un ángel?"

"En un sueño. Él nos pidió que rezáramos por Candice."

"Pero si ella se va a morir..."

"El ángel dijo que las oraciones traen consuelo. Es por eso que New Life está rezando veinticuatro horas al día."

"¿Hay otros miembros de New Life que hayan visto algún ángel?"

"No sé, pero ellos confían en que yo lo vi."

"Cómo es un ángel?"

"El ángel de mi sueño pudo haber sido un hombre o una mujer. Tenía una toga y el cabello largo. Pero pienso que los ángeles pueden manifestarse bajo muchas formas."

"Tú crees que tienes un ángel de la guarda?" preguntó Gale.

"Sí," dijo Tina, "y creo que tú también tienes uno."

Esa noche, cuando Gale llegó a casa, sus padres ya estaban en la cama, y, al dirigirse a su cuarto, se dio cuenta de que en la habitación de Donna había una luz encendida, y entonces tocó dos veces en su puerta.

"Adelante." La voz de Donna sonaba apagada.

Cuando Gale entró vio una aparición, una combinación de rulos, mascarilla para la piel, esmalte fresco para uñas, camisón de flores y pantuflas rosadas.

"¿Qué quieres?" La mascarilla de barro se había secado y Donna no podía mover sus labios para hablar.

Gale se sentó en la cama. "¿Vino Arnie hoy en la noche?"

"No."

"¿Te gusta mucho Arnie?"

"Lo nuestro es cada vez más serio."

"Fuiste dura con él hoy."

"Por tu culpa."

"No. Actuaste como si quisieras encontrar un motivo para pelear con él."

Donna levantó su mano, se paró fue al baño. Volvió con las mejillas ligeramente coloradas por el efecto de la mascarilla. "¿Por qué me estás haciendo estas preguntas sobre Arnie?"

"Simple curiosidad."

"¿Te gusta Arnie?"

"No, claro que no. No de esa manera."

Donna se rió. "He visto cómo lo miras. ¡Te gusta!"

"No."

"¿Quieres que me aleje para que lo puedas conquistar?"

"No seas tonta."

"Lo tonto sería pensar que tienes alguna posibilidad de salir con Arnie."

"No estoy interesada en Arnie."

"Para atraer su interés necesitarías mucho más que una motocicleta."

"Tú eres más linda que yo, pero la apariencia no es lo único importante."

"En tu caso, espero que tengas muchas virtudes," dijo Donna. Gale se dio media vuelta y salió del cuarto.

Durante los días siguientes, Gale estuvo trabajando mucho en el artículo. No quería que pareciera que New Life era un grupo de locos. Pero no mencionó el hecho de que Tina hubiera visto un ángel y que éste le había pedido que rezaran por Candice, tampoco contó que Tina creía tener su propio ángel de la guarda. Escribirlo todo sin un asomo de escepticismo era un reto que ponía a prueba su habilidad para escribir objetivamente. Por supuesto, tampoco comentó que Tina sentía que Candice moriría. Quería provocar buenos sentimientos frente a una organización que se preocupaba tanto por una compañera que estaba muriendo y que era capaz de realizar una vigilia continua de oración.

Poco después de que entregara el artículo, se supo que Candice había muerto. El Sr. Bennett le entregó el texto, la felicitó y le pidió que incluyera los hechos y las circunstancias de la muerte de Candice. Al revisar el artículo, pensó una vez más en el ángel del sueño de Tina. ¿Habrían realmente ayudado las oraciones a Candice? ¿El ángel se le habría aparecido también a Candice? Para saberlo, tendría que entrevistar a la propia Candice, y Gale pensó irónicamente que eso sería muy difícil. Existen cosas que un reportero no está en capacidad de descubrir.

Al poco tiempo, empezó a sentirse más cómoda con Danny. Parecía que él había aceptado que su amor por ella sólo podía ser platónico. Tenían muchos intereses comunes y una vieja relación de amistad que les permitía hablar con sinceridad. Gale pensaba que lo que tenía con Danny era demasiado valioso como para echarlo a perder por algunas hormonas insensatas.

Sin embargo, su relación con Donna no mejoró tan fácilmente. Las dos se mantenían en guardia, como dos boxeadores que se acechan con recelo. Tenían que vivir en el mismo cuadrilátero, pero ninguna de las dos quería darse por vencida, darse media vuelta e irse a descansar a su esquina. A pesar de ello, Donna mejoró su relación con Arnie y poco después él volvió a visitar su casa para estudiar.

El problema era que Gale no se sentía cómoda en su presencia. Su imaginación la hacía preguntarse si tal vez él no la estaba mirando con un nuevo brillo. Ella sólo era un año menor que Donna y era más inteligente; con seguridad él se daba cuenta de eso.

Pero él nunca expresó abiertamente que estuviera cambiando de opinión respecto a cuál de las hermanas le llamaba más la atención. Y a ella no le preocupaba. Ese no era problema suyo. Se sorprendió a sí misma al reconocer que estaba pensando más en su ropa. Generalmente usaba jeans. Le venían bien con su estilo y ciertamente eran cómodos para montar en moto. Pero sus piernas eran hermosas. No tenía por qué esconderlas.

Se probó varias faldas frente al espejo. Una falda y luego el suéter que le hacía juego…Quizá ese collar que la abuela le había dado en Navidad. ¿Cómo se vería con esa ropa sobre su motocicleta? Tal vez Danny podría llevarla a la escuela en su Celica 87, para variar.

El Día del Trabajo se acercaba.

"Me gusta la ropa que llevas puesta," le dijo Danny admirado mientras caminaban hacia su auto después de la escuela.

"Ya me lo dijiste esta mañana."

"Sí, bueno…" su voz se desvaneció.

"¿Te gustan mis piernas?" preguntó ella.

"¡Por supuesto!"

"Entonces ¿te pondrás a mirarme cuando estemos en el lago?"

Danny se puso nervioso.

"No…"

"Iré contigo, pero tienes que prometerme que no vas a empezar a actuar extraño de nuevo."

"O. K." dijo Danny. No será fácil, quiero decir…Creo que te ves muy bien. No puedo caminar con los ojos cerrados siempre que esté contigo.

Ella sonrió. "Tengo un traje de baño nuevo y no quiero que los ojos se te salgan de las órbitas."

Él se quedó callado, pero cuando llegaron al auto se dio cuenta de que su corazón latía más rápido.

El Día del Trabajo, los padres de Gale salieron para el lago antes que ella. Justin quería llegar temprano al lugar donde siempre hacían el picnic para asegurarse de que todos los empleados de la Hunter's Nursery and Landscaping, Inc. y sus familias estuvieran bien atendidos durante el asado anual. Gale llevaba su nuevo traje de baño bajo los jeans y la camiseta. Al salir de su cuarto, pasó junto a Donna, que salía del baño.

"Nos vemos en el lago," dijo Gale.

"Tal vez Arnie y yo decidamos no ir."

"Al menos tienes que ir un rato," replicó Gale frunciendo el ceño. "Papá quiere que toda su familia esté presente."

"Odio esos picnics anuales."

"Si mamá puede soportarlos, tú también puedes hacerlo."

El cielo estaba despejado y mientras se acomodaba en el asiento, Gale pensó que era el día perfecto para montar en moto y también para intentar atravesar el lago. La moto arrancó de inmediato haciendo un rugido feliz cuando ella le dio vuelta a la manivela con un giro rápido de la muñeca. Hundió el pie en el primer cambio y soltó el embrague con la mano izquierda. Salió a gran velocidad.

Recogió a Danny, y, con los brazos de él alrededor de su cintura, dejó que la moto se acercara al límite de velocidad al entrar en la autopista.

La orilla del lago estaba llena de autos y de visitantes. Hunter's Nursery and Landscaping había reservado el área de picnic número 23, y fue fácil reconocerla gracias a la pancarta que colgaba de dos árboles. Habían unido todas las mesas para formar una muy larga, y de varias parrillas salía abundante humo por los perros calientes y hamburguesas que estaban asando. En una pequeña caseta servían la cerveza y los refrescos para que todos pudieran beber a sus anchas. Para completar el cuadro típico del Día del Trabajo, algunas madres perseguían apresuradas a sus niños pequeños.

Gale se detuvo junto a una parilla en la que su padre asaba hamburguesas.

"¿Dónde está mamá?" le preguntó. Él señaló en dirección a las mesas, donde algunas señoras estaban apilando platos, vasos de papel y cubiertos de plástico.

"¿En qué puedo ayudar?" preguntó Gale.

Justin sonrió con algo de burla. "Lo tenemos todo bajo control. Sólo diviértete."

Gale se dirigió al lago con Danny. Podía ver la otra orilla. La gente que estaba al otro lado se veía desde allí como pequeños puntitos en movimiento, y su actividad parecía un reflejo exacto de lo que sucedía en este lado del lago donde ella se encontraba. Podría nadar hasta la otra orilla. Algún día lo haría.

Una sección de la orilla había sido acordonada para demarcar la zona en la que era permitido nadar. La soga se extendía con una serie de boyas hasta el agua y llegaba hasta una plataforma de madera.

"Entremos al agua," dijo Danny.

"Más tarde," dijo Gale. Se sentaron en un tronco para ver a las personas que estaban nadando. Finalmente, Gale se puso de pie, se quitó la camiseta y empezó a bajarse los pantalones. Danny la miraba fijamente. No podía evitarlo. Gale llevaba puesto un bikini rojo. Él sabía que mientras Gale se enderezaba se había quedado boquiabierto.

"Ven, vamos a tomar un poco de sol," dijo ella mientras se dirigía al agua. Danny se levantó y caminó tras ella como un robot manipulado por un control remoto. Gale se detuvo a treinta pies del agua y se acostó en la arena. Danny se agachó rápidamente a su lado.

"Lindo traje de baño," dijo, pero ella no le respondió nada. "¿Tus papás ya lo vieron?" le preguntó pero ella seguía sin responder. Danny trataba de concentrarse en la suave brisa que acariciaba su piel y en el sol, que calentaba su cuerpo. Después de un rato se dio cuenta de que ella se había sentado. Se apoyó en un codo y vio que alguien se acercaba.

"Al fin decidiste venir" dijo Gale cuando Donna y Arnie se detuvieron a su lado. A Danny no le gustó la manera como Arnie miraba a Gale.

"¿Dónde conseguiste ese traje de baño?" preguntó Donna.

"¿No te gusta?" preguntó Gale.

"A mí me gusta," dijo Arnie, y al escucharlo Donna apretó los labios.

"No creo que sea adecuado venir al picnic vestida de esa manera."

"Me pondré algo encima," replicó Gale, "pero este traje de baño es para nadar, algo para lo que ustedes parece no vinieron preparados."

Donna llevaba un traje de baño de una sola pieza

bajo una falda corta y una camiseta ancha, anudada en la cintura.

"Yo podría nadar, tengo puesto el traje de baño, pero Arnie y yo vamos a dar un paseo en bote. Algunos amigos de Arnie están en la otra orilla."

"¿Has visto a papá y mamá?"

"Claro, por eso vinimos aquí primero."

"Qué brillante idea," dijo Gale secamente. "¿Por qué no atraviesan el lago nadando?"

"No seas tonta," dijo Donna.

Gale miró a Arnie. ¡Lucía realmente fantástico! "Tú podrías atravesar el lago nadando, ¿no es cierto, Arnie?"

Él miró hacia la otra orilla, era una distancia considerable y dijo, con cierta duda: "Creo que sí."

"Sé que eres un buen nadador," dijo Gale, "y sé que Donna también nada bien." Gale miró a Donna. "¿Recuerdas que solías ganarme cuando estábamos aprendiendo a nadar? Con una sola vuelta a la piscina ya me vencías. Luego dábamos dos vueltas, y aun así me ganabas. Después cuatro vueltas...¿Recuerdas la vez que me ganaste sólo por tres pies de distancia? Esa fue la última vez, después de eso nunca volvimos a competir."

Donna se volteó hacia Arnie. "¿Ya podemos irnos? Ya vimos a mis papás y a Gale, tal como tú querías. Entonces, ¿podemos irnos?"

"O. K." dijo él, y luego miró a Gale. "En verdad me gusta tu traje de baño."

"¿Por qué tenemos que remar hasta la otra orilla?" preguntó Donna, antes de que Gale pudiera responderle a Arnie. "¿Por qué no vamos en el auto?"

Arnie sonrió. "Necesito hacer ejercicio. Remar es muy bueno para la espalda y los hombros."

"La natación también, dijo Gale."

"Sí," dijo él. "Pero no sé si sea capaz de cruzar el lago nadando. Es una distancia grande. ¿Realmente crees que puedes nadar hasta la otra orilla?"

"Sí."

Él sonrió. "Creo que si lo hicieras, te convertirías en la Mujer Maravilla."

"¡Vamos!" dijo Donna, mientras se alejaba, y Arnie se encogió de hombros mientras la seguía.

"Es un tonto," dijo Danny entre dientes.

"No me parece," dijo Gale, mirándolo. Vieron a Donna y Arnie ir al puesto de alquiler de los botes, junto al muelle. Arnie ayudó a Donna a subir al bote y ella se sentó en un extremo, de modo que quedó de frente a Arnie cuando él tomó los remos.

"Vamos," dijo Gale, y de repente empezó a correr hacia el lago. Danny la siguió. Ambos se lanzaron al agua y empezaron a nadar hacia la plataforma de madera, al otro lado de la zona acordonada. Gale llegó antes que Danny, y salió del agua con un movimiento suave. Luego se sentaron y vieron que el bote de Donna y Arnie estaba sobrepasando las boyas.

Gale los observó un buen rato. Finalmente, Danny tocó su brazo. "Te reto a nadar de regreso a la orilla." Ella apartó el brazo de Danny. El bote estaba en la mitad del lago, aún se movía suavemente hacia delante.

"Voy a nadar hasta el otro lado," dijo Gale.

"¿Por qué?"

"Para probar algo."

"¿Quieres probar que eres la Mujer Maravilla?"

Gale sonrió. "Tal vez."

"¿Estás tratando de impresionar a Arnie? ¿Es eso? O.K., entonces iré por un bote."

"Voy a nadar," dijo ella al ponerse de pie.

"Está bien. Pero voy a remar junto a ti."

Gale sacudió la cabeza. "No quiero ningún bote."

"¡Estás loca! ¿Qué tal si te cansas o te da un calambre? Necesitas un bote."

"La Mujer Maravilla no necesita un bote." Se zambulló en el agua como un tornado veloz, y avanzó casi sin salpicar agua, dejando una estela similar al rastro de una mariposa suave y delicada."

"¡Regresa!" le gritó Danny. Algunas personas que nadaban cerca los miraron con curiosidad. Danny se lanzó al agua y comenzó a nadar de vuelta a la orilla. Salpicó mucha agua y corrió hacia la rampa del bote. El encargado de la tienda de alquiler le dijo que no había ningún bote disponible, pero que esperaba que le devolvieran uno en diez minutos. Danny caminaba preocupado por el muelle y miraba hacia el lago, veía la figura de Gale y las ondas que dejaba a su paso, cada vez más lejos de la orilla. Pasaron cinco minutos y no llegaba ningún bote al muelle. La figura en el agua aún se movía y se hacía más y más pequeña. Ya habían transcurrido doce minutos y Danny aún no lograba conseguir el bote.

"¿Por qué no ha llegado ningún bote?"

El encargado de los botes se encogió de hombros. "A veces pierden la noción del tiempo." Cuando ya habían pasado quince minutos, Danny vio un bote que se acercaba; dos chicos reían mientras trataban de conducir el bote hacia el muelle. Danny subió rápidamente al bote, que se ladeaba de izquierda a derecha, y agarró los remos. El encargado le dio un empujón al bote y Danny comenzó a remar.

Ni siquiera sabía si tendría suficientes fuerzas para atravesar todo el lago remando. Si remaba a mucha velocidad, se cansaría muy rápido y tal vez nunca llegaría hasta donde Gale. Pero si disminuía la velocidad, ella podría hundirse antes de que él la alcanzara. ¡Gale estaba loca! Todo por querer impresionar a Arnie. Ella nunca se había interesado por ningún chico antes, y él nunca había sentido interés en las chicas. Ahora, él estaba interesado en ella y ella estaba interesada en otra persona.

Pero nada de eso importaba en ese momento. Algo le decía que Gale estaba a punto de verse en problemas, y, antes que nada, él quería evitar que ella corriera peligro.

Gale seguía nadando suavemente, pero había disminuido considerablemente el ritmo. Había llegado casi hasta la mitad del lago, según pudo calcular por el tamaño de los árboles a cada orilla. La mitad del lago equivalía al punto de no retorno, pues a partir de allí ya no podía pensar en regresar. Gale lamentaba no poder regresar, pues estaba cansada y la otra orilla se veía demasiado lejos. De hecho, casi parecía que no estaba avanzando. No se estaba acercando a la orilla. Daba brazadas y patadas pero no avanzaba hacia ningún lugar. ¡Vaya error el que había cometido! ¡No debía haberlo intentado! Debía haber dejado que Danny remara junto a ella. No tenía chaleco salvavidas. Si nadaba más despacio para descansar, tardaría más en llegar, y entre más tiempo permaneciera en el agua, más se cansaría. Por otro lado, si flotaba no avanzaría y gastaría energía. Lo mejor que podía hacer era seguir nadando para acercarse a la orilla.

Ya había pasado la mitad del lago, pero la orilla aún estaba lejos. Y ella se sentía cada vez más cansada; sus brazos se hacían más y más pesados. Daba una brazada, dos brazadas, volteaba la cabeza hacia el lado y luego la sumergía dentro del agua, mientras se repetía: ¿Qué es la fatiga? Es un estado mental. Todo está en la mente. Sólo sigue braceando.

¿Qué hora sería? Sus brazos se estaban volviendo realmente pesados. ¿Cuánto tiempo más podría nadar? ¡Hey! Ella no podía hundirse. Podía flotar durante horas con la vieja técnica que había aprendido desde pequeña. Uno podía tener los brazos amarrado detrás de la espalda y los tobillos también amarrados, y no se hundiría, bastaba sostener la cabeza y respirar tranquilamente, sin dejarse invadir por el pánico. El cuerpo era capaz de flotar naturalmente. Ella no podía hundirse, flotaría sobre la superficie del agua. No había por qué preocuparse. "No puedes hundirte, sigue braceando," se decía a sí misma.

Estaba agotada, y la orilla aún estaba lejos. ¿Pero por qué todo parecía estar tan lejos? Casi no podía levantar los brazos. ¿Por qué estaba haciendo esto? Ella no era la Mujer Maravilla. Ella no quería ser la Mujer Maravilla. No quería impresionar a Arnie. ¿Por qué le importaba tanto Arnie? Danny le había advertido que no debía atravesar el lago. ¿Por qué no le había hecho caso? Si Danny estuviera remando a su lado, ella podría sujetarse y subir al bote. Pero Danny no estaba allí. Gale movía los brazos, ¡pero era tan difícil levantarlos! Necesitaba descansar.

De repente comenzó a toser y a sacar la cabeza del agua, para tratar de respirar. ¡Había tragado agua! No podía hundirse. Tenía que seguir braceando. No podía ahogarse. Su madre, extrañaría a su madre. Y Donna, amaba a su hermana. Donna podía quedarse con Arnie. Extrañaría a Donna. Y, sobre todo, extrañaría a su padre. ¡Pobre papá, ya no tendría con quién ir a cazar! *¡No me quiero ahogar!*

Estaba demasiado cansada para seguir adelante. Lo sabía. Sus brazos no avanzaban y sus piernas ya no se movían. Se estaba hundiendo. Dicen que son tres veces, cuando uno se hunde por tercera vez todo acaba, es el fin. ¿Cuántas veces se había hundido? Una, tal vez dos. Pero la tercera vez sería...

Sintió un brazo fuerte alrededor de su cintura y pudo volver a respirar. Tenía su cabeza por fuera del agua y estaba tosiendo ¡pero podía respirar! ¿Quién la estaba sosteniendo? ¿Acaso era Danny? Volteó la cabeza—no era Danny. Era un hombre que no conocía; nadaba con un brazo mientras la sujetaba fuerte con el otro. Gale estaba boca arriba, miraba al cielo, agradecida por estar con vida y en manos de un buen nadador que podía halarla hacia delante.

"¿Cuánto más falta?" le preguntó Gale. Él no contestó y ella se quedó callada. Él no debía hablar, necesitaba toda su energía para nadar. Gale esperaba que pudiera lograrlo, pero ella *sabía* que él no la dejaría ahogar. Gale perdió la noción del tiempo, lo único de lo que era conciente era de que constantemente se elevaba, con el agua abajo y el cielo sobre su cabeza. Entonces escuchó una voz tenue. ¿Danny? ¿Era Danny? ¿Dónde estaba? Después no volvió a escuchar nada.

De repente, el hombre que nadaba a su lado se detuvo, se incorporó y la ayudó a poner los pies en tierra firme. Ella miró y ¡vio la orilla! ¡Había atravesado el lago! Caminó a tropezones hacia la playa. El agua le llegaba a las rodillas; poco después estaba fuera del agua. Se rió. Algunas personas que estaban haciendo picnic la observaron con curiosidad. No veía a Donna o a Arnie por ninguna parte.

Se dio vuelta hacia el agua para darle las gracias al hombre que la había rescatado, pero no vio a nadie, lo único que alcanzaba a ver era un bote a cincuenta yardas, sobre él remaba un chico. Gale había escuchado su voz en el agua. Era Danny.

Ella miró hacia todos los lados. Caminó por la playa de un lado al otro. ¿Dónde estaba el hombre que la había salvado?

"¿Gale, estás bien?" Danny bajó tembloroso del bote, mientras lo halaba hacia la playa. Se volvió hacia ella y parecía como si se fuera a caer. "Te perdí de vista y pensé que te habías ahogado."

"Estoy bien."

"Lo lograste," dijo Danny. "Pero no debiste hacerlo. No pude conseguir un bote a tiempo, pero debiste haberme dejado remar a tu lado. Debiste…" Ella lo interrumpió. "Sí, lo sé."

Él se quedó callado. "¿Cómo?"

"Dije que tenías razón. Debí dejar que remaras a mi lado."

"Bueno," dijo Danny. "Sí, bueno, pero lo lograste. Dijiste que podías atravesar el lago y lo hiciste." Él sonrió con burla. "La Mujer Maravilla."

"En eso te equivocas, Danny, no soy la Mujer Maravilla. Alguien me salvó, evitó que me ahogara y me arrastró hasta la orilla."

"No vi a nadie."

"Era alguien que podía nadar sin cansarse."

"¿Dónde está?"

"No lo sé."

"¿De dónde salió?"

"De la nada."

Danny estaba perplejo. "¿Quién es?"

Gale le sonrió con la sonrisa más maravillosa que él jamás había visto. "Mi ángel de la guarda," dijo ella.

3

El Ángel de Ralph

Su ángel Rafael fue enviado para curarlos a los dos
—Tobías 3:16

Ralph puso su pila de libros sobre el muro y dio un pequeño salto para levantar su cuerpo. Su brazo derecho no le molestaba tanto, sólo estaba un poco adolorido, pero pensó que ya estaba mucho mejor. En el otro extremo del muro estaban sentados dos chicos. Uno de ellos reconoció a Ralph, le hizo señas con la cabeza y Ralph respondió a su saludo. Ralph no lo conocía, pero ya estaba acostumbrado a que personas desconocidas lo saludaran en la universidad. Probablemente más personas lo saludarían si en vez de jugar tenis jugara fútbol americano o básquetbol. Pero la Universidad Sanders estaba entre las mejores en todas las áreas, e incluso los jugadores de tenis eran reconocidos. En especial cuando el equipo se mantenía invicto y lideraba su liga.

Ralph frotó levemente su brazo derecho un poco más abajo del hombro. Había sentido la primera molestia un mes atrás, durante un entrenamiento. Al principio no le había prestado mucha atención. Como parte de su preparación física levantaba pesas, y ya había sentido antes dolores musculares. Ahora estaba entrenando fuerte para mejorar lo que uno de los columnistas deportivos de un periódico local llamaba "sin duda, uno de los saques más poderosos del tenis universitario."

Pero Ralph no estaba pensando en el tenis en ese momento. Estaba esperando el instante en que vería a aquella chica alta, de piel oscura y cabello castaño que a veces pasaba por allí durante su descanso entre una clase y otra. "Rachel Annison," le había dicho su amigo Harry Spenser dos semanas atrás, cuando Ralph había estado preguntando por ella en el centro estudiantil. "Es una alumna que se transfirió de Vanderbilt."

"¿La conoces?" preguntó Ralph.

"No, pero Marilyn conoce a una de sus amigas." Marilyn era la novia de Harry. "Si yo fuera tú no me haría muchas ilusiones con ella," añadió Harry.

"¿Por qué no?"

."Porque está saliendo con Jack Billings, y él ya se lo ha contado a todo el mundo."

"¿Qué quieres decir?"

"Que no quiere competencia."

Jack era defensor derecho del equipo de fútbol americano. Todos lo conocían porque había estado al mando del equipo el otoño anterior. Pero también era conocido por su temperamento volátil y porque se había involucrado en una pelea durante su primer año en la universidad y por poco había sido expulsado, pues el chico al que había golpeado había terminado en el hospital, todos guardaban distancia de él.

Pero, en este momento, a Ralph no le preocupaba

Jack Billings. Lo que le preocupaba era cómo acercase a ella. Llevaba consigo el libro que estaban leyendo para la clase de literatura estadounidense. Podía sostenerlo abierto, mirar por encima de él, sonreír, saltar del muro y decirle: "¿No nos conocemos?"

Por supuesto, ella lo miraría como si fuera un idiota y un lunático, y lo último que quería era hacer el ridículo. Así que tal vez simplemente la vería pasar, le sonreiría y la saludaría, tenía que preparar el terreno para propiciar un encuentro posterior.

Pero no quería esperar un encuentro más adelante. Había estado pensando constantemente en ella desde la primera vez que la había visto. Había descubierto donde vivía, sabía que estudiaba Inglés, y se había dado cuenta de que se la pasaba con un par de amigos con los que solía cruzar por el centro estudiantil a esa hora. "Mantén tus opciones abiertas y no gastes tu energía en cosas que no valen la pena," solía decirle su padre. Era un buen consejo, tal vez el único buen consejo que su padre le había dado.

¿Qué debía hacer? Muy bien: libro abierto y actitud despreocupada. Quizá ella ni siquiera pasaría por allí. Ayer lo había hecho, él la había visto desde su puesto en el centro estudiantil, junto a la ventana.

Allí estaba, caminaba en su dirección, acompañada por dos chicas. Él hubiera preferido que estuviera sola. Pero bueno, era necesario saber actuar fuera cual fuera la situación. De repente, sintió que sus manos sudaban, su garganta estaba seca, y su corazón latía tan rápido que parecía como si acabara de terminar un entrenamiento.

¿Debía quedarse allí sentado y dejarla pasar? ¿Sonreírle con cara infantil? ¿O debía hablarle? Tenía que tomar una decisión rápido pues ella se estaba acercando mientras conversaba animadamente con sus amigas.

Nunca se dará cuenta siquiera de que existo, pensó. Hizo un movimiento rápido para saltar, pero rozó con su cadera la pila de libros, que cayeron al piso al mismo tiempo que él ponía sus pies sobre el suelo. Se agachó apurado, los recogió, se enderezó, y allí estaba ella. Definitivamente lo había visto—y le sonreía. Él también le sonrió.

"Humpty Dumpty," dijo él.

Ella se rio aún más al alejarse con sus amigas. Ralph se quedó mirándola y se sintió muy torpe, como si estuviera viviendo su peor pesadilla.

Humpty Dumpty, brillante Ralph, pensó. Miró a los chicos que estaban sentados en el muro, que también se estaban riendo. Pero ellos no eran tan hermosos como Rachel.

Esa noche, durante la cena, le costaba trabajo seguir la conversación, pues en realidad estaba imaginando otra conversación en su mente, una que esperaba que resultara mejor que el fracaso del muro. Estaba cenando en casa, porque su madre lo había invitado a la tradicional comida de cumpleaños de su hermano. La comida de los aniversarios siempre era una ocasión especial. Su mamá preparaba el plato preferido de aquel que estuviera cumpliendo años. Su padre también era honrado con este tipo de cenas, pero Ralph prefería las de Peter, porque siempre pedía pastel de carne con zapallo, frijoles, macarrones y papas enteras doradas, y luego, para el postre, pastel de chocolate. El plato principal de la comida de Ralph siempre era el pollo, mientras que el de su padre eran las costillas de cerdo.

"¿Crees que Rayfield te dé mucho trabajo?" preguntó su padre. Ralph se sorprendió.

"¿Qué?"

"Tu próximo partido. He leído que el equipo de Rayfield es muy bueno."

"El mayor problema es Kindricks. Estaremos preparados."

"¿Cómo está tu brazo?"

"Mejor."

Su padre bebió un sorbo de té. "Si el dolor persiste por mucho tiempo, tendremos que visitar a otro médico."

"El Dr. Matthews sabe lo que hace."

"No está mal como médico para deportistas, pero el dolor no debería durar tanto tiempo."

"Te dije que ya estoy mejor." Ralph podía escuchar el tono de su propia voz. Todas las conversaciones con su padre terminaban así. Joseph P. Walker, respetado abogado criminalista, conocido por su estilo de confrontación en la corte, también se comportaba de la misma manera con su familia. Siempre pensaba que sus opiniones eran las mejores e insistía en que los otros debían pensar como él. La reacción automática de Ralph era refutarlo, mientras que Peter solía quedarse callado y conformarse.

Ralph había escuchado todos los argumentos de su padre por los cuales no debía ingresar a la Universidad Sanders. En primer lugar, era una escuela local y a Ralph le convendría más ir a una universidad en otro estado, pues así tendría que aprender a vivir por su cuenta. En segundo lugar, la escuela de leyes de Sanders no figuraba entre las mejores del país. Joe quería que algún día Ralph entrara a formar parte de la firma de abogados Walker, que había sido fundada por su abuelo. Además, la historia académica de Ralph le permitía ser admitido prácticamente en cualquier universidad, y Joe disponía del dinero suficiente para enviarlo adonde fuera necesario. La reacción de Ralph fue insistir en que siempre le había gustado Sanders. Sanders le había ofrecido una de sus pocas becas para tenistas, que cubría todos sus gastos; de esta manera, podía mudarse a la residencia universitaria. "Y vivir por su cuenta." Por otra parte, no estaba seguro de querer ser abogado litigante. De hecho, se sentía inclinado por el trabajo policial.

La discusión había sido difícil, pero como no estaban en la corte, finalmente Joe había perdido. Sin embargo, estaba orgulloso de su hijo y veía casi todos sus partidos. Además, tenía otro hijo, que era más sensato y seguiría la tradición familiar.

Ralph miró a su hermano. Como siempre, Peter no había dicho casi nada durante la cena. Lo que su padre no sabía era que Peter no quería convertirse en abogado, sino que quería ser artista y siempre había demostrado tener habilidad para dibujar. Ralph recordaba que una vez, cuando estaba en tercer año en la escuela, había llevado a casa un dibujo de un barco. Estaba orgulloso y su madre, como siempre, lo había elogiado. Ralph había colgado su trabajo en una pizarra en su cuarto. Al día siguiente, cuando llegó de la escuela y entró a su cuarto vio otro dibujo, pegado junto al suyo. Era un barco mucho más elaborado, trazado con más cuidado, con muchos más detalles en el diseño. Incluso un niño de ocho años notaba la superioridad del dibujo, pero lo que al niño de ocho años le costaba trabajo entender era cómo uno de seis podía pintar así.

Tarde o temprano, Peter tendría que defender su vo-

cación, pero en ese momento, Ralph estaba más preocupado por la chica de cabello castaño.

"Ralph," dijo su madre, "después de la cena ¿ven-
drías conmigo a la sala de meditación?"

Ralph miró a su padre, que hacía muecas. "Claro
que sí, mamá," respondió Ralph. Ese era un tema sobre
el cual su padre nunca hablaba ni discutía. Sólo lo había
hecho cuando el arquitecto estaba diseñando la casa.
Ralph recordaba claramente la conversación que habían tenido sus padres mientras él miraba los planos de
la casa.

"Es un desperdicio de espacio, Anne," había dicho
su padre. "Siempre que quieras meditar o rezar puedes
ir a la iglesia."

Su madre se había mantenido firme en su posición.
"Necesito ese cuarto," había afirmado. "Todos lo necesitamos."

Generalmente, no discutía con su esposo, pero por
este cuarto en particular estuvo dispuesta a enfrentarse
a él.

"¿Quieres un cuarto en el segundo piso solamente
para meditar? ¿Quieres un banco acolchado y una cruz
en un extremo de la pared?"

"Y un pequeño pedestal delante de ella, con un re-
flector en el techo, de manera que la luz siempre brille
sobre la cruz."

"¿Por qué?"

"Jesús tuvo que abandonarnos, pero nos dejó a sus
ángeles."

"Sé que crees en los ángeles, pero ¿crees que habrá
un ángel en ese pedestal?"

"Es un símbolo. Cada vez que entremos a la sala,
recordaremos que un ángel está presente."

"¿Pero cómo lo sabes?" preguntó su padre.

"Ya te he contado varias veces los sueños que he tenido."

"Pero sólo se trataba de *sueños,* Anne."

"Los ángeles nos visitan durante los sueños, ellos pueden presentarse en diversas formas."

A partir de ese momento su padre había renunciado a seguir discutiendo. Habían construido la sala, y todos los días su madre pasaba treinta minutos después de la cena en aquel cuarto. Y, algunas veces, como ahora, le pedía a alguien que la acompañara. Pero eso sólo lo hacía cuando tenía algo realmente serio sobre lo cual hablar o rezar.

"Pero antes debo hacer una llamada. ¿Podemos ir después de que hable por teléfono?" le preguntó Ralph.

"Por supuesto."

Ralph miró de nuevo a su padre, que tenía la mirada puesta en su plato, mientras terminaba de comer. "¿No es hora de que partamos el pastel de chocolate?"

Poco después, Ralph se encontraba en su viejo cuarto, frente al teléfono. Quizá debía haber ido primero a la sala de meditación con su madre. Definitivamente, no quería levantar el teléfono. Estaba sintiendo de nuevo esa rara sensación que lo había hecho pasar aquel mal rato frente al muro. Era ridículo, estaba allí, de pie, a salvo en su propio cuarto. Lo único a lo que le temía era al temor mismo.

"Vamos, levanta el teléfono," se dijo.

Primero, buscó en el directorio telefónico. Universidad…Dormitorio Rawlings. "Oprime los números. Cuenta cuántas veces timbra," se decía a sí mismo.

"Hola," era la voz de una mujer. Se escuchaban risas en el fondo.

"Quisiera hablar con Rachel Annison, por favor."

Más timbres. Un momento de espera, luego un "Hola" apenas audible.

"¿Rachel?"

"Sí." Ahora su voz sonaba más firme.

"Hoy... hoy me encontré contigo." Se produjo un silencio. "Es decir, lo recuerdas, junto al muro, mis libros cayeron al piso, el chico que los estaba recogiendo era yo."

Otro silencio. "¿Humpty Dumpty?"

"Lo recuerdo."

"En realidad no me llamo Humpty Dumpty. Mi nombre es Ralph Walker."

"Qué bien."

Ella no le estaba haciendo las cosas más fáciles. "Soy estudiante de segundo año y quisiera conocerte. Formalmente. Si pudiéramos encontrarnos...¿en el centro estudiantil? Soy inofensivo, mi mamá me adora."

Ella se rio. "Estás en el equipo de tenis."

"¿Cómo lo sabes?"

"Porque lo pregunté. Una de las chicas con las que estaba sabía quién eras."

"Muy bien, pero ¿podemos encontrarnos en algún lugar?"

"Me parece bien el centro estudiantil."

"¿Esta noche?"

"Debo estudiar, pero tal vez nos podamos ver algunos minutos."

"¿A las nueve?"

"Está bien."

Después de colgar, Ralph se quedó con el teléfono en la mano mirando fijamente una foto suya, en la que aparecía justo antes de hacer el saque en un torneo municipal de tenis, tres años atrás. Se sentía como si hubiera completado un punto para ganar la competencia.

Encontró a su madre en la cocina. "Sólo un minuto," dijo, mientras ponía a funcionar la máquina lavaplatos. Ralph la siguió hasta el segundo piso, hacia el cuarto al final del corredor. Adentro, la luz caía oblicua, suave y difusa. Ralph se sentó y su madre también lo hizo. Ella tomó su mano e inclinó la cabeza en una oración silenciosa. Tras unos minutos, miró solemnemente a Ralph.

"Anoche tuve un sueño."

Ralph esperó.

"Vi a un ángel y él me advirtió acerca de tu brazo."

"Mamá, ya me siento mejor."

"Me dijo que te dolería mucho pero que debes tener fe."

A veces Ralph se preocupaba por su madre. No quería pensar que ella se estuviera enloqueciendo o se estuviera volviendo una fanática de la religión, pero...

"¿Qué más te dijo?"

"Me dijo que fuera valiente." Ella analizó su rostro. "Ralph, quiero que visites a un especialista para que revise tu brazo."

Genial. Doctor, estoy aquí porque mi mamá soñó haber visto a un ángel.

"Solo es un dolor muscular. Todo estará bien."

"Por favor..."

"Bueno, si el dolor aumenta, te prometo que iré a ver a otro médico."

Después de un momento, ella asintió. "Tú también tienes un ángel."

"Iré a otro doctor si el brazo se pone peor. Lo prometo."

Más tarde, cuando Ralph caminaba por la universidad hacia el centro estudiantil, su reloj marcaba las

8:50. Estaba preocupado por su madre. Ella siempre dejaba que su padre tuviera la última palabra y que tomara todas las decisiones. En lo único en lo que defendía su posición era en este tema. Por su fe era capaz de enfrentarse a su marido. El problema era que parecía estar cada vez más absorta en ideas extrañas, como la de los ángeles. Ella siempre había creído en ellos, pero soñar tanto con ellos...

Subió las escaleras hacia el centro estudiantil, riendo para sus adentros. ¿Soñar con ángeles? Los únicos ángeles que existían, vivían en la tierra y tenían nombres, como Michelle, Irene, Dorothy y, tal vez, Rachel.

Ya estando adentro, pasó por las mesas de ping-pong en dirección a la sala de descanso. Allí había sofás cómodos, una chimenea y una gran pantalla de televisión. Se sentó contra una pared. Miró ociosamente alrededor, y se entretuvo viendo pasar a los estudiantes que iban y venían en pequeños grupos, discutiendo sobre política, compartiendo rumores, quejándose de ciertos profesores, riéndose de una broma o tratando de llamar la atención de otras personas. Se rascó el hombro, le dolía. Esperaba que estuviera sanando, pero la molestia parecía ir y venir.

La vio tan pronto cruzó la puerta. Llevaba un conjunto de dos piezas, la parte de arriba a rayas verdes y blancas era de abotonar, la parte de abajo era una falda color verde intenso. A pesar de llevar zapatos de tacón bajo, se veía más alta que la mayoría de las otras chicas. Debe medir unos cinco pies con diez pulgadas, pensó, mientras se levantaba y se acercaba a ella. Al ver su rostro de admiración ella sonrió.

"Soy Rachel Annison," dijo, al extenderle su mano. "¿Tú eres Humpty Dumpty?"

"Ralph Walker," dijo él y sonrió. El contacto de su

mano era agradable. "¿Quieres tomar algo, un refresco tal vez?"

"O. K."

Caminaron hacia un dispensador automático y él se quedó mirándola mientras ella abría una lata de refresco. *Genial,* pensó, *ahora te parece atractiva hasta en la manera como abre una Coca-Cola. Planeta Tierra llamando a Ralph, ¡aterriza!, ¡despierta!* Luego la condujo hasta el sofá que más lejos estaba del televisor.

"Agradezco que hayas aceptado venir," dijo él.

"Necesito confesarte algo," dijo ella mientras bajaba la mirada. "He notado cómo me miras y esperaba que te acercaras y me dijeras algo."

"Pensé que era sutil."

"Me alegra que no lo fueras, aunque nunca pensé que te conocería de esa manera."

Ralph no podía creer lo directa que era. Estaba acostumbrado a la conversación cautelosa y las maniobras cuidadosas durante la primera cita.

"Me imagino que muchos chicos están locos por ti."

"No tanto como para caerse al saltar de un muro."

Él sonrió nervioso. ¡Al fin una chica con la que podía ser honesto! Qué gran idea. "Estoy un poco emocionado hoy. ¿Qué te parece si cada cual cuenta su historia? Yo te cuento sobre mi vida, mi familia, las cosas importantes, y tú me cuentas sobre tus cosas, así nos ahorraríamos un buen tiempo para conocernos."

Ella se quedó callada por un momento, y luego dijo. "También yo estoy emocionada. Está bien. Tú primero."

Mientras le contaba sobre su familia, el tenis, sus sueños y la incertidumbre frente a su carrera, sentía que se perdía en sus ojos castaños. Luego habló ella, y él se enteró que venía de Bethesda, Maryland, que era hija única y su madre había muerto cuando ella tenía nueve años. Su padre era asesor del Departamento de Comercio en Washington D.C., se había graduado de la Universidad de Vanderbilt y quería que su hija ingresara en ella. Rachel había estudiado allí durante un semestre para complacerlo, pero se había dado cuenta de que prefería estudiar en Sanders, pues, en realidad, había sido su primera opción desde que había terminado la secundaria.

"La influencia de un padre" dijo Ralph.

Ella asintió. "Él ha hecho muchas cosas por mí. Pero creo que se sintió orgulloso cuando finalmente le dije lo que pensaba acerca de la universidad. Casi siempre le cuento todo. Siempre hemos sido sinceros el uno con el otro, pero no quería herirlo, lleva a Vanderbildt en la sangre."

Rachel quería convertirse un día en profesora universitaria de literatura inglesa. "No es algo muy práctico," dijo ella. "Pero papá siempre me ha enseñado que todo es posible, y eso es lo que quiero hacer."

Durante su conversación, Ralph se enteró de más aspectos de su vida, pero lo más importante fue que pudo darse cuenta de que era la chica más interesante que había conocido.

"Tu compañera de cuarto me dijo que estabas aquí." La voz los asustó. Miraron hacia arriba. "Hola, Jack," dijo Rachel.

"Pensé que estarías estudiando."

"Sí, estaba estudiando, pero necesitaba tomarme un descanso."

Jack se dio vuelta y miró a Ralph. "¿Conoces a Ralph Walker?" preguntó Rachel. "Ralph, él es Jack Billings."

Ralph se puso de pie y le extendió la mano. Jack apretó su mano con fuerza, pero Ralph mantuvo el rostro inalterable.

"Juegas tenis, no es verdad?"

"Así es."

Jack soltó la mano de Ralph mientras lo miraba de arriba abajo. Contrastaban bastante físicamente. Jack medía al menos seis pies con cinco pulgadas y pesaba unas 270 libras, sus brazos eran enormes, la espalda ancha, tenía un pecho grande y muslos robustos. Ralph, por su parte, era delgado, medía seis pies con dos, pesaba 190 libras y sus brazos no parecían capaces de lanzar una bola de tenis con gran velocidad.

Jack volvió a mirar a Rachel. "Qué lástima que no hayas podido acompañarme a escuchar a Dead Wall Revery."

"Tal vez otro día."

"Sí, bueno, nos vemos después."

"Buenas noches" dijo Rachel.

Jack se quedó mirando a Ralph y le dijo: "Y te veré a ti también." Y se marchó. Ralph volvió a sentarse con Rachel.

"Él fue una de las primeras personas que conocí cuando llegué a esta universidad," dijo Rachel. "Fue extremadamente amable, me ayudó a ubicar algunos edificios. Salí con él una vez, pero me temo que le cuesta trabajo aceptar un 'no' como respuesta."

Al día siguiente, Harry abordó a Ralph en el corredor, afuera de la clase de español. "Corre el rumor de que Billings te está buscando."

"Me encontré con él anoche, cuando hablaba con Rachel."

"¿Te acercaste a Rachel? ¡Pero yo te advertí sobre Billings!"

"¿Sólo porque tuvo una cita con Rachel cree que ella le pertenece?"

"Tienes razón, pero creo que su tamaño supera a tu lógica por ochenta libras."

"Pretendo seguir viendo a Rachel si ella está de acuerdo."

"Está bien, pero ten cuidado."

"Jack no tendrá que venir a buscarme."

"¿Qué quieres decir?"

"Iré a buscarlo yo mismo. Aclararé las cosas con él."

El rostro de Harry expresaba una mezcla de sorpresa y asombro. "Buena suerte," le dijo.

Esa noche, Ralph subió las escaleras hacia el dormitorio Laffler. El entrenador Laffler era un ídolo en la historia del fútbol americano de Sanders, y, a pesar de que hacía dieciséis años que había muerto, aún encendía el corazón de muchos ex alumnos que habían donado fondos para la construcción de este dormitorio, en el que se alojaban los jugadores de fútbol americano. Ralph pidió algunas indicaciones en la recepción y luego caminó por el corredor hasta el cuarto de Jack. La puerta estaba entreabierta, y dejaba escapar el sonido de una canción de música country de Vince Gill. Ralph tocó a la puerta.

"Adelante."

Ralph empujó un poco la puerta para abrirla. Jack estaba recostado en la silla, con los pies apoyados sobre el escritorio, tenía puesta una camiseta, bermudas y medias. Al ver a Ralph, se incorporó.

"¿Me estabas buscando?" preguntó Ralph.

Jack se puso de pie. "Cuántos años tienes?"

"¿Y eso qué importa?"

"¿Quieres llegar a viejo?"

Ralph se rio. "¿Me estás amenazando? ¿Quieres pelear conmigo? No creo que seas tan estúpido, ¿quieres otro reporte en tu expediente?"

"No será una pelea realmente."

Ralph asintió. "Eres más grande, más alto y más fuerte que yo, lo reconozco. Pero no tengo miedo, y seguiré viendo a Rachel."

Jack agarró a Ralph por los hombros, lo levantó del piso y lo sostuvo así por un momento.

"¿Qué opinas ahora?"

"Impresionante," dijo Ralph, "pero me estás haciendo daño. Suéltame."

"De eso se trata," dijo Jack, pero luego lo soltó. Ralph sentía que su brazo derecho le ardía. En ese momento supo que tendría que ir a otro doctor, pero eso no tenía importancia en ese momento.

"Puedes maltratarme todo lo que quieras, pero prepárate para explicarle a mi entrenador de tenis por qué no puedo jugar el próximo partido."

"No tendré que explicarle nada, porque tú no dirás nada."

"No tendré que hacerlo porque tú no volverás a ponerme las manos encima."

Se miraron fijamente. De repente, Ralph extendió su brazo izquierdo.

"¿Qué haces?" preguntó Jack.

"Hazlo."

Lentamente, Jack alzó su brazo. "Sólo bajaré mi brazo después de que tú bajes el tuyo," dijo Ralph.

Jack se burló. "¿Así que eres valiente?"

Se quedaron en la misma posición mientras los minutos pasaban. De repente, un chico se asomó en el cuarto, se detuvo y se quedó observándolos.

"Hola, Jack."

"Cierra la puerta," dijo Jack. El chico miró hacia el corredor.

"Jerry, ven acá."

Entonces apareció el rostro de Jerry, y el de alguien más detrás de él. Poco después, había siete cuerpos aglomerados en la puerta que observaban a los dos jóvenes con los brazos alzados. Ralph sentía la presión y un leve temblor, pero le sonreía a Jack, tratando de parecer tan cómodo como un gato enroscado sobre un cojín.

De repente, escuchó un susurro aislado que venía de la puerta, pero lo alejó de sus pensamientos; quería concentrarse en su brazo izquierdo. Trataba de pensar en un árbol con una rama, sólida e impasible al paso de los años. El dolor se hacía más intenso, era punzante y ahora podía verse que su brazo temblaba, pero Ralph lo mantenía estirado, parecía un bloque de madera, sin tensión, sólo dolor. Sí, dolor, mucho dolor. Pero el brazo de Jack también temblaba. "Sonríe, sonríe," se decía Ralph.

¿Cuánto tiempo estuvieron allí parados? Ralph no tenía idea. ¿Una eternidad? Justo cuando Ralph empezaba a sentir que el dolor se hacía excesivo, Jack gruñó y dejó caer su brazo sin fuerzas. Ralph permaneció sonriente, dispuesto a mantener su brazo estirado, pero finalmente lo bajó despacio.

Se miraron el uno al otro durante un largo rato, y Ralph dijo: "Gracias, Jack," y salió, pasando a través de los curiosos, que empezaron a hacerle preguntas a Jack. Pero lo que le molestaba a Ralph no era el dolor de su brazo izquierdo, sino el del derecho.

Esa noche, soñó que Jack apretaba sus brazos de nuevo, pero en esta ocasión sus manos parecían garras de hierro. Lo despertó el dolor en el brazo derecho. La molestia pasó después de media hora y volvió a dormirse. Pero al día siguiente, al hacer el saque durante el entrenamiento, sintió un dolor intenso que lo obligó a bajar la raqueta. Habló con el entrenador, quien personalmente pidió una cita con el director médico. La consulta no arrojó ningún resultado, así que le recomendaron a otro médico, el Dr. Garroway, quien le tomó varias radiografías, así como algunas muestras del tejido y un examen completo de sangre. Ralph no entrenó durante los siguientes tres días, y su madre volvió a llevarlo al cuarto de meditación. Rezaron, y su madre se volvió hacia él.

"El ángel nos lo advirtió."

"Está bien, sí me duele."

"Él dijo que debíamos tener fe. Tienes que creer que él puede ayudarte."

"Espero que él pueda hacerlo."

"Fe, Ralph, debes tener fe."

Dos días más tarde, Ralph estaba hablando con Rachel cerca de una laguna bajo las montañas empinadas del parque Hillcrest. En realidad, el día estaba un poco frío, pero a Ralph no le molestaba la temperatura ni la brisa que golpeaba levemente el cabello de Rachel.

"¿Aún no saben nada de tu brazo?" le preguntó ella.

"Mañana me darán los resultados de los exámenes."

Ella tomó su mano y la apretó. "Espero que todo esté bien."

Entonces él se inclinó hacia delante y presionó suavemente sus labios contra los de ella, y al hacerlo sintió que aquello era lo más natural del mundo.

Al día siguiente, sus padres lo acompañaron al consultorio del Dr. Garroway. Ralph estaba preocupado, pues el médico había pedido que todos estuvieran presentes.

El doctor le sonreía a Ralph, pero odiaba lo que tenía que decir. Sabía, por experiencia, que lo mejor era decirlo de una vez.

"Lo siento, pero las radiografías confirman que tienes un tumor en la parte superior de tu brazo derecho. Tendremos que operarte."

Ralph se quedó con la mirada perdida. Su madre apretó los labios, mientras que su padre, como siempre, reaccionó desafiante.

"¿Qué significa eso?"

"Significa que si no hacemos la operación, el tumor se extenderá. Esperamos poder sacarlo completo. Luego seguiremos el tratamiento con radioterapia."

En ese momento todos se quedaron callados, incluso su padre. El doctor continuó.

"Me temo que la operación afectará el movimiento del brazo. No podrás jugar más tenis."

Todos permanecieron callados.

"Ingresarás en el hospital. Me adelanté y programé la operación para mañana."

"¿Tan pronto?" preguntó Ralph.

El doctor habló en voz baja. "No quiero alarmarte innecesariamente, pero debemos hacerlo lo más rápido posible."

Por primera vez, Ralph sintió miedo. Su madre le apretó la mano. "Ten fe," le susurró.

Esa noche, trató de ver televisión, pero no lograba acomodarse en su cama del hospital. Al marcharse, sus padres le aseguraron que lo visitarían antes de la operación. Peter le dio un puño cariñoso, pues no sabía qué decir. Rachel también había estado allí y, a escondidas, le había dado un beso en la frente. Pero ahora estaba solo. Su única compañía era el televisor, y al apagarlo se sintió realmente solo.

Quería dormir, pero dudaba que en algún momento le diera sueño. Tal vez lo mejor sería cerrar los ojos, quizá así se quedara dormido. ¿Qué tal contar ovejas? O mejor perros, él prefería los perros. El tiempo pasaba, ¿o no? No lo sabía.

De repente abrió los ojos. ¿Se había quedado dormido? No traía puesto su reloj. ¿Qué hora sería? Miró hacia la puerta y vio a un hombre que se dirigía hacia él. Tenía una bata blanca con un estetoscopio alrededor del cuello y traía un equipo para medir la presión arterial.

"Hora de tu chequeo," dijo el médico. Ralph no lo reconoció. El hombre envolvió su brazo y tomó su presión sanguínea, luego escuchó su corazón con el estetoscopio. "Todo saldrá bien."

"Gracias, doctor."

"¿Lo crees, no es así?"

"Espero que sí."

"¿Crees que tu brazo sanará? ¿Qué volverás a jugar tenis?"

"El Dr. Garroway dijo que…"

El hombre lo interrumpió. "¿Qué dices? ¿Volverás a jugar tenis?" Lo miró fijamente, y Ralph sintió una calidez que parecía permear sus brazos y sus piernas, y luego todo su cuerpo.

Ralph sintió que estaba flotando, mientras asentía: "Sí, sí, volveré a jugar."

El hombre sonrió. "Es hora de que descanses." De repente, Ralph se sintió agotado, cerró sus ojos y no vio cuando el hombre se marchó.

Al despertar, sintió una mano que tocaba su brazo. "Llegó la hora de tomarte la presión arterial," dijo la enfermera.

"Pero anoche el doctor dijo que ese sería el último chequeo."

"¿Cuál doctor?" La enfermera miró su planilla. "Anoche no te visitó ningún doctor."

"Ya era tarde. Revisó mi corazón y mi presión arterial."

"Estabas soñando."

"Lo vi."

La enfermera se encogió de hombros. "Tu presión está bien. El doctor quiere tomarte otras radiografías y después de eso te prepararemos para la cirugía."

"Mis padres vendrán."

"Sí, podrás verlos. Te traeremos de vuelta a la habitación antes de la operación."

Luego de las radiografías, Ralph encontró a sus padres esperándolo en su habitación. La enfermera le dio algunas pastillas. "¿Cómo te sientes?" le preguntó su padre.

"Bien."

"Seguro te están cuidando bien, vienen todo el tiempo a revisar cómo estás," dijo su madre.

"Después de todo lo que cobran…" dijo su padre.

"El doctor que me visitó anoche me hizo sentir mejor."

"¿El Dr. Garroway vino a visitarte?"

"No, era un médico que no conocía. Lo curioso es que la enfermera no tenía ningún reporte de que el médico hubiera estado aquí."

"¿Cómo era él?" preguntó su madre.

"Como todos los doctores, estaba vestido de blanco. Estoy seguro que no fue un sueño."

Un camillero entró, le susurró algo a la enfermera y los dos salieron de la habitación.

"Hijo," dijo su padre. "Espero que sepas que estamos apoyándote. Sé que extrañarás el tenis, pero..." su voz se desvaneció.

"Recuerda lo que te dije," agregó su madre.

Ralph asintió.

Esperaron. Finalmente, su padre dijo: "Peter está en la sala de espera. Sólo dejaron que subiéramos tu mamá y yo."

Ralph asintió. De nuevo hubo un momento de silencio, hasta que finalmente se abrió la puerta y el Dr. Garroway entró con las radiografías, miró a sus padres, nervioso, y luego a Ralph.

"Tengo que confesar que nunca me había pasado algo como esto durante mis veintitrés años de experiencia." Se quedó callado y nadie habló. Entonces carraspeó y dijo: "Verán, tendremos que hacer más exámenes, más radiografías."

"¿Qué quiere decir, doctor?" preguntó el padre de Ralph, y en su voz se asomaba un tono beligerante.

En aquel momento el médico miró al padre directamente. "Quiero decir, Sr. Walker, que estas radiografías no muestran ninguna huella de cáncer. Si otras radiografías y otros exámenes lo confirman, no hay necesidad de operar."

El padre de Ralph lo miraba incrédulo. Su madre cerró los ojos y Ralph vio que sus labios se movían. Él, por su parte, no necesitaba más exámenes. Estaba seguro de lo que mostrarían, pues no sentía ninguna molestia en su brazo. Y sabía algo más: el hombre de la noche anterior no había sido un doctor. Tenía que contarle a Rachel que había visto a su ángel de la guarda.

4

El Ángel de David

El Hijo del Hombre enviará a sus ángeles
—Mateo 13:41

Después del almuerzo, su hermano les dijo que iría a buscar puntas de flecha, pero David sabía que no era verdad. Douglas se pondría en camino al arroyo cerca de la cueva, pero cuando se hubiera alejado lo suficiente, se desviaría y se dirigiría montaña abajo, hacia el valle y subiría hasta un claro en el bosque, donde se encontraría con Nancy Harrison. Pero esta vez David lo seguiría y le tomaría algunas fotos, así podría meterlo en serios problemas con su padre.

Douglas siempre había fingido que Nancy no le caía bien. David recordaba los comentarios en tono de burla que había hecho el año anterior sobre la chica Harrison, esa muchacha delgada que usaba una cola de caballo y que vivía en el valle. "Se cree más lista que todo el mundo," había dicho.

Pero eso había sido el año anterior, cuando Douglas y Nancy tenían trece. Ahora tenían catorce y Nancy estaba cambiando. Ya no era tan delgada, y usaba su cabello diferente, más suelto y libre. La primera vez que David había notado el cambio había sido un domingo, en la iglesia. Estaba sentado junto a Douglas, se había inclinado hacia él y le había susurrado: "Mira a Nancy."

Nancy estaba sentada en la segunda fila del coro, era la integrante más joven, pero ahora se veía un poco mayor. Incluso hermosa.

El padre lo tocó ligeramente en la cabeza para que guardara silencio y David se calló rápidamente mientras su hermano lo miraba con complicidad.

Los Harrison eran la única familia del valle que asistía a misa allí. Jeffrey Harrison había vivido en la montaña, había crecido en esta parroquia y llevaba a su familia todos los domingos a pesar de que vivían lejos de allí.

Su padre era lo que uno llamaría un hombre anticuado. Venía a la iglesia todos los domingos y se sentaba en el mismo lugar, en la misma banca, y su esposa y sus dos hijos se sentaban junto a él. Controlaba a su familia con mano fuerte y esperaba que le respondieran con obediencia. Era así como había sido educado en las montañas Buck Horse, en la misma casa que había construido su abuelo, e iba a la misma Iglesia Bautista Cross River, situada en la profundidad del bosque al final de una carretera serpenteante.

David nunca había tratado de analizar por qué su hermano y él no se llevaban bien, era demasiado chico para pensar en eso. Pero había algo que sí sabía, a pesar de que tenían distintos intereses, se parecían al menos en dos cosas: a ninguno de los dos le gustaba perder, y cuando los trataban injustamente ambos sentían la necesidad de desquitarse.

Tal vez la tía Clara fuera el familiar que más simpatizaba con los sentimientos de David. Ella había vivido en su casa desde que él recordaba. La familia de Clara había llegado a esta extensa región del estado de Georgia en 1870. Clara era una de las dos hermanas Dickson que habían sobrevivido a una epidemia local de gripe cuando eran niñas. La madre y otros dos hermanos habían muerto. Por esas circunstancias, Ethel y Clara habían tenido que empezar a comportarse como adultas desde los nueve y once años; se encargaban de la cocina y de las tareas domésticas. La escuela estaba a tres millas, y ellas tenían que recorrerlas a pie todos los días, hiciera frío o calor, lluvia o sol, hasta que el condado finalmente pudo pagar un bus escolar cuando ellas ya estaban en la escuela secundaria.

Su padre había vuelto a casarse cuando las chicas estaban en la secundaria, pero ellas no se llevaban bien con su madrastra. Si algo había logrado este conflicto era estrechar aún más su relación de hermanas y aumentar su deseo de salir de casa tan pronto como fuera posible.

Terminaron casándose con dos hermanos que también vivían en la montaña. Se casaron el mismo día, en la misma iglesia, y luego establecieron sus hogares en granjas cercanas.

Luego, dos años más tarde, la madrastra murió al resbalar de una roca en el arroyo y golpearse la cabeza. Un año después, su padre murió de diabetes; había tenido complicaciones pues había descuidado su dieta durante años. Así, el viejo hogar había quedado vacío y las hermanas decidieron que Ethel y Donald debían ir a vivir a la casa, pues era mucho mejor que la casa donde estaban viviendo. Las hermanas dividieron la tierra entre las dos.

Douglas había nacido poco después, y ese mismo

año, el esposo de Clara había muerto en un accidente de cacería. Inmediatamente, Ethel le había pedido a Clara que se mudara con ella, y Clara aceptó. Ésa probablemente fue la única ocasión en la que Donald Riggs no había influenciado una decisión de su esposa.

Al nacer, David llegó a un hogar con dos madres, pues Clara siempre estaba cerca, nunca volvió a casarse, y tampoco volvió a mostrar interés por ningún hombre. Alguna vez, Douglas había dicho que apostaba a que la tía Clara no le había agradado su primer matrimonio y que eso explicaba su manera de ser. Pero David, que entonces tenía diez años, pensaba en secreto que su tía había amado mucho a su esposo como para irse y vivir en otro lugar. No cabía duda de que Clara adoraba a David, y pasaba horas leyéndole libros y contándole historias de la Biblia sobre batallas, milagros y ángeles.

A David los ángeles le resultaban especialmente fascinantes. Ella le contaba que los ángeles transmitían mensajes divinos, y que en ocasiones ayudaban a la gente. Era por eso que se llamaban ángeles de la guarda. Si una persona estaba en problemas o tenía una necesidad especial, el ángel podía venir a ayudarla.

Cuando aún era niño, David le había hecho muchas preguntas difíciles sobre los ángeles. ¿Cómo eran? ¿Volaban? ¿Realmente tenían alas? ¿Eran hombres o mujeres? ¿Estaban vivos? ¿Por qué no podíamos verlos?

Ese sábado, todos se sentaron a almorzar a las 12:02. David había mirado la hora en el nuevo reloj que sus padres le habían regalado para su cumpleaños hacía una semana. Sin embargo, el regalo que más le había gustado era el que le había dado la tía Clara. Era una pequeña cámara automática. "Más cerca del infinito," decían las instrucciones. Él no sabía lo que significaba "infinito," entonces le preguntó a su tía.

"Tan lejos como puedas ver," había dicho ella. David siempre hacía muchas preguntas. Esa era una de las cosas que a su tía más le gustaban de él. David no obtenía muchas respuestas de su padre, y su madre siempre parecía estar ocupada. Así que la tía Clara se tomaba el tiempo para tratar de contestar todas sus inquietudes. Sus preguntas del mes anterior a su cumpleaños le habían dado la idea a su tía de regalarle la cámara.

Él había estado observando los binoculares de su esposo muerto. Desde la parte de atrás de la casa, David enfocaba el gallinero, el establo y los equipos de trabajo de la granja, encantado con la manera como se veían los objetos de cerca. Por la manera como describía las cosas, a Clara le parecía que tenía una sensibilidad inusual para un niño de su edad.

"¿Sabes?," le dijo él. "Cuando miras las cosas de cerca se ven muy diferentes. Descubres cosas que nunca habías visto antes."

Fue entonces cuando a Clara se le ocurrió la idea de comprarle una cámara. Había estado preguntándose qué darle para su cumpleaños. Él ya estaba lo suficientemente grande para tomar fotografías, sólo necesitaba una cámara que fuera fácil de manejar.

Sin embargo, ella tenía que tener cuidado con lo que le regalaba a los niños. El seguro de vida de su esposo y la granja le habían proporcionado los medios económicos para comprarles regalos más caros que los que sus padres podían darles. Pero no debería haber ningún problema con regalarle una cámara, si no era muy costosa.

Clara podía imaginarse al niño absorto, buscando imágenes que capturar. Un explorador con una cámara.

¡Esa sí que era una combinación para expandir la imaginación de cualquier niño, especialmente si se trataba de un chico tan brillante como su sobrino preferido!

Entonces había ido a Dewfield y había visitado la única tienda de cámaras del pueblo. Algunas eran demasiado costosas, otras demasiado complicadas. Se resolvió por una automática con lentes de 35mm f/3.5. "Tan sencilla que hasta un niño puede usarla," dijo el vendedor. Clara sonrió y le dijo: "La compraré."

Sabía que aun así su hermana diría que la cámara era demasiado cara para un niño de diez años. Pero Clara sabía que este niño de diez años cuidaría de ella mejor que muchos adultos.

Durante el almuerzo, habían hablado de Ned Baxter, un amigo del papá de David, que se recuperaba de un infarto en el hospital.

"Tengo que ir al hospital a visitarlo esta tarde," dijo el papá. "Pero no me siento bien."

Su madre lo miró preocupada. "¿Por qué no te acuestas un poco y luego ves cómo te sientes?"

"Es lo que haré."

Al terminar el almuerzo, el padre se levantó de la mesa, como todos los demás. David miró su reloj: 12:57.

"Está bien, Douglas," dijo su padre, "puedes ir al arroyo, pero regresa a tiempo para la hora del ordeño."

"Lo haré," dijo Douglas.

"Le has estado dedicando mucho tiempo a buscar puntas de flecha últimamente."

"Es divertido."

David sonrió con burla. Si su padre supiera de qué tipo de diversión se trataba. Cuando Douglas se dirigió a la puerta, David salió apurado hacia las escaleras.

"¿A dónde vas, David?" preguntó su padre.

"A buscar mi cámara. Quiero tomar algunas fotos."

"Regresa temprano. Y no camines por el arroyo cuando lleves la cámara."

"Sí, Pa." Subió corriendo, tomó la cámara, bajó las escaleras de dos en dos y salió por la puerta dando saltos.

"No cierres de un portazo…" empezó a decir su madre cuando la puerta empezaba a cerrarse con fuerza detrás de él.

Podía ver a Douglas camino al arroyo. Disminuyó la velocidad y dejó que él se adelantara. Sabía a dónde se dirigía su hermano, pues se había estado encontrando a escondidas con Nancy todos los sábados por la tarde desde hacía varias semanas. Ahora, David iba a comprobarlo.

David recordó que una noche, después de la cena, David lo había invitado a su cuarto, había cerrado la puerta y le había tapado la boca con la mano. "Quiero mostrarte algo," había dicho Douglas, y luego se había arrodillado y había empezado a tantear bajo su colchón, mientras sonría nervioso.

"¿Sabes cómo se ve una chica?"

"Por supuesto," respondió David.

Douglas sacó una revista. "Apuesto a que no lo sabes."

David no entendía a qué se refería Douglas. Por supuesto que sabía cómo se veía una chica.

"Cómo se ve una chica *realmente.*" David abrió la revista. "¡Así!" Abrió mejor la revista, de manera que David pudiera ver dos páginas.

"¿Qué te parece?" preguntó Douglas.

David se quedó boquiabierto, incapaz de decir nada.

"Mira ésta." Douglas le mostró otra página. David se dio vuelta y empezó a salir del cuarto.

"¡Hey!," dijo Douglas. "Vuelve acá."

David se acercó despacio.

"Te estoy dando una educación temprana. ¿Quieres ver más fotos?"

David negó con la cabeza.

"Tal vez te da miedo mirar. ¿Es eso, tienes miedo?"

"No," dijo David con suavidad, "simplemente no quiero."

"Está bien, pero quédate callado. No le digas a nadie que tengo esto. Si papá se entera, sabré quién se lo dijo. Y sin importar qué tan duro pueda ser él conmigo, te garantizo que las cosas serán peores para ti. ¿Entendiste?"

David asintió.

Douglas estaba molesto. "No debí haberte traído aquí. Hubiera dado lo que fuera por ver estas fotos cuando tenía tu edad. ¡Vamos, vete ya!"

Mientras caminaba hacia su cuarto, David estaba confundido. Esas mujeres se veían extrañas. Era interesante mirarlas, pero él sentía vergüenza al hacerlo. ¿Por qué habría de avergonzarse? Algunas veces se había preguntado cómo se verían las mujeres bajo su ropa. Una vez, en el segundo grado, estaba jugando en el patio de recreo, y Carolyn Michaels había cruzado sus piernas sobre una barra y había quedado colgando boca abajo. Llevaba ropa interior blanca, y él se había preguntado cómo se vería sin ropa. Pero un instante después ya estaba pensando en subir a la barra más alta y colgarse con una sola mano.

David sabía que su padre se enojaría si se enteraba que Douglas tenía esa revista. Cuando el pastor hablaba sobre el pecado, algunas veces mencionaba a las mujeres desnudas, y su padre pronunciaba uno de los "Amén" más altos de la iglesia ¿Por qué tanto problema?

Sentía curiosidad. Se preguntaba si Douglas tendría más revistas como ésa, pero debía tener cuidado, más le valía que papá no se enterara.

El verdadero problema con Douglas comenzó cuando David entró a su cuarto en una ocasión en que Douglas no estaba allí. Esperaba encontrar la cabeza de flecha que Douglas había encontrado hacía poco en la cueva junto al arroyo.

Douglas y David habían entrado a la cueva muchas veces, en busca de cabezas de flecha. Según la historia que les había contado su padre, en alguna época había vivido en esa parte de la montaña una tribu de indígenas americanos. Habían encontrado muchas puntas de flecha en la cueva. De hecho, su padre había hecho un montaje con las puntas de flecha que había heredado de su padre, junto con aquellas que él mismo había encontrado, y había hecho una exhibición impresionante en la pared. Pero muchas otras personas habían visitado la cueva y sus alrededores a lo largo de los años, y David y Douglas no habían podido encontrar muchas puntas nuevas. La última que Douglas había descubierto era una de las mejores.

Aquella tarde, mientras estaba afuera tomando fotos, David se acordó de la punta de flecha y decidió tomarle una foto.

David revisó la parte superior del aparador de Douglas, luego buscó en el primer cajón del armario. Vio una caja de cigarros y la abrió. Adentro había un cuchillo de bolsillo, un par de dados, la cola de un conejo, unas tijeras, una carta de fútbol de Joe Montana y allí también estaba la punta de flecha. David la tomó y cerró el cajón. Cuando estaba saliendo, miró hacia la cama.

Se preguntó si la revista aún estaría bajo el colchón. Quizá Douglas tenía una nueva, o varias más; tenía curiosidad. No era que quisiera mirar a esas mujeres— o tal vez sí quería, un poco—. Sería más fácil ver la revista si Douglas no estaba mirándolo.

Fue hasta la puerta sin hacer ruido y la cerró. Luego se acercó a la cama y empezó a buscar la revista bajo el colchón, pero no encontró nada. Deslizó su mano hasta la cabecera y entonces sintió la punta de una revista. Metió su mano un poco más hacia el fondo y la sacó. Era la misma revista, pero las esquinas estaban más arrugadas.

De nuevo, la foto de la portada le produjo una sensación extraña. Abrió la revista lentamente y se detuvo en cada página antes de pasar a la siguiente. Se sentó. En realidad, pensó, estás revistas *son* interesantes.

Cuando se abrió la puerta, levantó la mirada. Al entrar al cuarto apurado y correr hacia David, Douglas parecía enojado, y le arrebató la revista de las manos.

"¿Qué estás haciendo?"

David se paró rápidamente. "Quería que me prestaras tu punta de flecha para tomarle una foto."

"Claro, quieres tomarle una foto a mi punta de flecha," dijo Douglas sarcástico, "por eso estás mirando esto."

David no respondió.

"Pequeña comadreja. ¿Qué pasaría si papá te viera?"

"Cerré la puerta."

"De todos modos él podría entrar. Está en la casa."

"Lo siento."

Douglas negó con la cabeza. "No es suficiente, te di

una oportunidad de que la miraras y te asustaste. A esta hora papá podría entrar."

"Te dije que lo sentía."

"Tampoco me gusta que tomes mi punta de flecha. Éste es mi cuarto y no tienes nada que hacer aquí."

"Tú entraste a mi cuarto y tomaste los binoculares el otro día."

"Esos binoculares son de la tía Clara."

"Ella me los va a dar a mí."

"¿Crees que ella te lo va a dar todo, no es así, pequeña comadreja?" Douglas volvió a poner la revista bajo el colchón. "El Sobrino Preferido. El Sobrino Bebé. No vuelvas a entrar a mi cuarto. ¿Te quedó claro? Y cierra la boca, no menciones nada sobre la revista."

David estaba enojado. "¡Y a ti tampoco se te ocurra entrar a mi cuarto!"

"Bien," dijo Douglas. "El Sobrino Bebé está de mal genio. El Sobrino Bebé necesita que le den una lección." Douglas tomó a David por los hombros y empezó a sacudirlo. "¡No me vuelvas a decir qué hacer! ¿Entendiste Sobrino Mimado?" Lo empujó con fuerza y David cayó sobre el aparador. La lámpara cayó al piso y la base de vidrio se quebró por el golpe.

"Ahora sí lograste lo que querías," gimió Douglas. Se inclinó y empezó a recoger los pedazos. "¡Ayúdame!," dijo, pero antes de que David alcanzara a hacer algo, sintieron la voz de su padre que estaba abriendo la puerta.

"¿Qué está pasando aquí?"

David y Douglas lo miraron. "David se cayó sobre la lámpara," dijo Douglas. El padre se volvió hacia David.

"¿Es cierto?"

"Él me empujó," dijo David.

"¡No lo empujé!," dijo Douglas rápidamente. El padre seguía mirando a David.

"¿Golpeaste la lámpara?"

"Sí, pero..."

"Le dije que se fuera de mi cuarto," replicó Douglas.

"¿Estaban jugando brusco?"

Los dos se quedaron callados.

"¿Recuerdan que les dije que no hicieran eso en casa?"

Ambos asintieron lentamente. "Sí, señor," dijo David.

"Tendrán que pagar la lámpara con su dinero."

"Él debería pagar," dijo Douglas.

"Los dos pagarán," replicó el padre. "Pueden dividir el costo entre los dos. ¿Está claro?"

Los chicos asintieron.

"Muy bien," dijo el padre. "Organicen este desorden." Y salió del cuarto.

"Debí contarle sobre las revistas," dijo David en voz baja.

"¡Hazlo y serás hombre muerto!," masculló Douglas entre dientes.

"No debiste decirle mentiras sobre mí."

"Todo fue tu culpa."

"Pero tú me empujaste, y mentiste."

"Y volveré a empujarte si entras a mi cuarto cuando yo no esté."

Fue entonces que empezó a rondar en la cabeza de David la idea de desquitarse de su hermano.

De vuelta en su cuarto, David recordó una ocasión, varios meses atrás, en que Douglas se había reído al describirle la conversación "de hombre a hombre" que había tenido con su padre.

"El viejo ritual de los pájaros y las abejas," dijo Douglas.

"¿Qué es eso?" preguntó David.

"Eres demasiado chico para entenderlo. Pero algún día te daremos esa misma charla. Nos sentaremos, solos, los tres, y te contaremos lo que significa crecer."

"Tú dime."

"Me encargaré de que él te lo cuente. De cualquier manera, para cuando lo haga, ya lo sabrás, no será ninguna novedad." Douglas sacudió la cabeza. "Papá es todo un personaje."

"¿A qué te refieres?" Estaban afuera, comiendo ciruelas bajo una pérgola, a unas cincuenta yardas de la casa.

"Tú sabes cómo es él," dijo Douglas. "Lo que piensa de las mujeres y el sexo."

"¿Te refieres a la manera como dice Amén en la iglesia cuando el pastor habla del pecado?"

"Sí," dijo Douglas, mientras se llevaba cuatro ciruelas a la boca y escupía las semillas. "Ya me dijo que no podía salir con ninguna chica antes de los dieciséis."

"¿Para qué quieres salir con una chica?"

"Para…" La voz de Douglas se desvaneció. "Bien, cuando una chica crece y…cuando un chico crece, ellos…algo cambia. Ellos cambian, o…bueno, piensas distinto respecto a las chicas. Ya lo verás."

"¿Por qué papá no quiere que los chicos y las chicas estén juntos?"

"Supongo que así lo educaron. Pero así como no obedecí su orden de no nadar con chicas en el río, no voy a esperar hasta los dieciséis para salir con ellas."

"¿Qué vas a hacer entonces?"

"Simplemente no le diré nada... Si no lo sabe, no lo molestaré," y luego Douglas agregó, "y él no me molestará a mí."

Pero un día David lo siguió por todo el camino, hasta la ladera que llevaba al valle. Se detuvo, con miedo a seguir adelante. La segunda vez que lo siguió no se detuvo en aquel punto. Parecía que se demoraban una eternidad en llegar al valle, y luego en atravesar el bosque hasta el claro. Después caminaron hasta otra área boscosa. David se escondió varias veces tras los troncos, con miedo de que Douglas se diera vuelta. Pero Douglas silbaba y caminaba, y David no tenía ningún problema en seguirle el paso.

Cuando finalmente llegaron a otro claro, David ya estaba cansado. Había un tronco enorme sobre el suelo, y una chica estaba sentada sobre él. David era muy cuidadoso, miraba por detrás de las hojas, pero alcanzó a reconocer a Nancy Harrison. Douglas se sentó a su lado sobre el tronco. Poco después, tomó su mano, y David vio que sus cabezas se acercaban. Él siguió espiando, pero lo único que vio era que seguían mirándose el uno al otro, algunas veces hablaban y, por momentos, sus manos parecían tocarse. No podía escuchar lo que decían, pero una risa leve le llegaba de vez en cuando.

Se aburrió.

Habría regresado solo, pero no conocía aquel bosque y tenía miedo de perderse. Entonces esperó y esperó. Finalmente la chica se puso de pie, se despidió con la mano y Douglas se dio vuelta y comenzó a caminar deprisa en dirección a David.

Esta vez a David le costó más trabajo seguirle el paso, pues estaba oscuro y Douglas andaba más rápido. Además, ya no silbaba tanto. Para cuando subieron la montaña y estuvieron más cerca de la casa, David estaba exhausto. Decidió que nunca más seguiría a Douglas hasta el valle.

Y no había vuelto a hacerlo hasta ahora. Pero sabía que su hermano seguía yendo, pues varias veces lo había visto dirigirse al arroyo y luego desviarse hacia el valle. Y por la manera como Douglas y Nancy se miraban en la iglesia, podía ver que guardaban un secreto.

Mientras avanzaban, David se alegraba de que Douglas aún estuviera silbando. Tenía cuidado con la cámara, que colgaba alrededor de su cuello. Cada vez que tenía que pasar cerca de un árbol, agarraba el estuche de la cámara, para asegurarse de que no se golpeara con nada. Pensó en cómo acercarse hasta la pareja sobre el tronco; quería capturar bien sus rostros. Eso sería un problema, pues su cámara no tenía una lente tan sofisticada. Pero, incluso sin acercarce mucho, las fotos irritarían a su padre. ¡Douglas se daría cuenta de que no podía manipular a su hermano!

Siguió a Douglas hacia el valle, luego hasta la montaña. Cuando llegaron a la parte más baja, el bosque se hizo menos denso durante los siguientes veinte minutos. Luego Douglas llegó al primer claro, pero esta vez cortó el camino hacia la derecha, en una dirección diferente a la que había tomado en la otra ocasión en la que David lo había seguido. David esperó dentro del bosque mientras miraba a su hermano atravesar el claro. Douglas entró al otro bosque, y David lo siguió.

El bosque se hacía más denso a medida que caminaban. David no entendía hacia dónde iba su hermano. Douglas dobló a la izquierda. A David le costaba trabajo mantenerse lo suficientemente cerca sin hacer ningún ruido. El silbido lo tranquilizaba, pero cada vez era más difícil seguirle el paso. El bosque parecía cerrarse por todos los lados. Nada le resultaba conocido; todo lo que veía era nuevo y lo único que lo mantenía tranquilo era el silbido apenas audible de Douglas. ¿Pero hacia dónde iban?

David pasó su primer momento de angustia al darse cuenta de que el silbido había cesado. Por supuesto, Douglas se había detenido en otras ocasiones, pero siempre volvía a comenzar a silbar. Mientras estaban en la vegetación menos densa, David no lo había perdido de vista. Pero esta vez, a pesar de avanzar con cuidado y mirar hacia delante, no veía ninguna señal de Douglas. Siguió caminando, imaginando que Douglas volvería a silbar. No se oía ningún sonido, excepto una ráfaga de viento que pasaba entre los árboles de vez en cuando.

David se detuvo para escuchar atentamente, pero no escuchó nada. Empezó a caminar en la dirección en que había visto a Douglas la última vez y avanzó aún más rápido. Después de algunos minutos paró y, de nuevo, trató de oír algún movimiento o el silbido de su hermano. Nada. Entonces miró a su alrededor, quería llamar, gritarle a Douglas, pero el orgullo le hizo mantener la boca cerrada. Douglas se enojaría si supiera que David lo estaba siguiendo, pero no era a eso a lo que le temía. Lo que realmente le daba miedo era que Douglas pudiera burlarse de él por haberse perdido.

¿Perdido? ¿Estaba perdido?

Sabía por dónde había llegado, pero se había desviado mucho y había cambiado constantemente de dirección por un territorio nuevo y desconocido para él. Miró su reloj. Llevaba más de dos horas caminando. Ya no seguía pensando en tratar de seguir a Douglas. Ya no le interesaba. Quería ir a casa.

Se puso en marcha, tratando de encontrar cosas conocidas que le indicaran que estaba en el camino correcto. Pero todo era diferente. No había ningún camino que seguir, sólo árboles, maleza y troncos podridos. Y nada parecía igual. Pero siguió caminando, sabía que no estaba cambiando de dirección con la misma frecuencia con que lo había hecho al seguir a Douglas, pero era consciente de que todo lucía como si nunca hubiera estado allí antes.

Estaba perdido. Debía admitirlo. Estaba realmente perdido, y no tenía idea de cómo volver a casa. Tal vez si siguiera caminando en una misma dirección finalmente llegaría a una carretera o una granja. O quizá llegaría a la cuesta de la montaña. Si subía la montaña, podría encontrar una vía que fuera conocida y entonces podría llegar a casa.

Pero eran sólo conjeturas. No había manera de saber en qué dirección caminar. Ni siquiera podía usar el sol para ubicar el oeste, porque el cielo estaba nublado. Estaba perdido en medio de un bosque extraño y lo único que podía hacer era seguir andando.

Tras una hora se detuvo. De pronto se dio cuenta de que le había dado una vuelta completa a una roca en la que se había sentado. Estaba cansado, y empezaba a sentirse sediento. ¡Tenía sed! Y quería ir a casa. ¿Por qué había tenido esa loca idea de seguir a Douglas y tomarle fotos a él y a Nancy? Claro, quería meter a Douglas en problemas. Quería mostrarle a su papá algunas fotos en las que Douglas apareciera sentado al lado de Nancy, abrazándola. Quería mostrarlos besándose. Pero había otras maneras de desquitarse. ¿Por qué no se le había ocurrido una manera mejor, una que no lo hubiera hecho perderse en medio del bosque?

Empezó a correr, pero después de lastimarse la cara con una rama, se detuvo. Entonces gritó por primera vez. Gritó para pedir ayuda, pero todo seguía en silencio. Empezó a caminar de nuevo, siguió y siguió caminando y luego comenzó a llorar. Finalmente paró, exhausto, y se sentó en el suelo con la espalda recostada en un árbol.

¿Qué haría si oscurecía? No tenía fósforos ni comida. Aún quedaban algunas horas de luz, pero su mente se paralizó ante el pensamiento de que probablemente nunca encontraría cómo salir de allí. Irían a buscarlo, por supuesto. Y sus padres se enfadarían, especialmente su padre. Pero tal vez nunca lo encontrarían. ¡Él podría morir allí!

Nunca había estado tan asustado en toda su vida. Cerró los ojos y empezó a sollozar. Su llanto cesó, se le agotaron las lágrimas, y se quedó sin fuerzas, recostado contra el árbol. No supo qué le hizo abrir los ojos.

Primero estaba confundido, pero luego empezó a ver cada vez mejor. ¡Alguien se acercaba! Podía oír los pasos sobre las hojas caídas. Luego vio la figura de un hombre que avanzaba en su dirección.

¡Papá!

¡Su papá lo había encontrado! Saltó y corrió, con los brazos abiertos, hasta abrazar a su padre por el pecho.

"¿Cómo me encontraste?" le preguntó.

"Hace rato que te estoy buscando."

"¿Pero cómo supiste que estaba en el bosque?"

"Lo sabía," dijo su padre mientras acariciaba su cabello. "¿Estás bien?"

"Tengo sed, pero ya estoy bien."

Su padre sonrió. "Vamos a casa."

Empezaron a caminar y David hizo algo que no había hecho en mucho tiempo, tomó la mano de su padre.

Por alguna razón, el camino de regreso no le pareció agotador en absoluto. Incluso subir la montaña fue fácil, y, al atravesar la carretera principal, siguieron hasta la intersección que llevaba a su casa. Cuando llegaron al porche ya estaba oscureciendo.

"¿Ya llegó Douglas?" preguntó David.

"Sí."

Al ver a su madre, David soltó la mano de su padre y corrió hacia ella. Ella estaba angustiada, al igual que Clara, que apareció a su lado.

"¿Dónde estabas?" preguntó su mamá.

"Me perdí en el bosque, pero papá me encontró."

Ella parecía confundida, y David continuó: "Estaba recostado contra un árbol y…" David miró detrás de sí. "Y papá…" se quedó callado. "¿Dónde está?"

"¿Quién?" preguntó su madre.

"Papá. Estaba justo aquí. ¿A dónde se fue?"

"Papá no está aquí."

"No, papá me encontró. Él me trajo a casa. Estaba caminando conmigo hace apenas un minuto."

"Tú estabas caminando solo. Tu papá ha estado fuera todo el día, ¿no lo recuerdas? Fue a visitar a Ned Baxter en Marshallton."

"No, él estaba conmigo. Yo lo vi, hablé con él, le tomé la mano. Era papá."

Douglas llegó hasta la puerta, sonriéndole con burla. "¿Tuviste una buena caminata?" le preguntó. Miró hacia la calle y todos se dieron vuelta al oír el sonido de un auto que se aproximaba hacia ellos.

"Él se lo confirmará," dijo David, corriendo al auto cuando éste paró.

"Diles que me encontraste," dijo David cuando su padre bajó del auto. "Diles que me trajiste a casa."

"Estuve en Marshallton. Se lo dije a la hora del almuerzo."

David se quedó callado.

"¿Sucedió algo?" preguntó su padre.

"David acaba de llegar a casa," dijo Douglas. El padre miró a David.

"Sabes que debes volver a casa antes de que oscurezca."

"Sí señor."

"Hablaremos más tarde," dijo, y luego se dirigió a su esposa. "Ned no está bien."

"La cena está casi lista," dijo ella, entrando a la casa con su esposo y Clara mientras los niños se quedaban en el porche.

Douglas sonreía burlón. "Te pregunté si habías disfrutado tu caminata."

"No mucho."

"Yo sí," se rio Douglas entre dientes. "Vi que me seguías y quise ver qué tan lejos llegarías."

"¿Dejaste que entrara en el bosque para que me perdiera?"

"Mi intención no era que te perdieras. Pero tengo que confesarte algo," respiró profundo, "estaba preocupado." Douglas entró a la casa y David entró detrás. Clara estaba esperando adentro.

"No vuelvas a asustarnos de esa manera, por favor," dijo y pellizcó sus cachetes. "Sobrino querido, me alegra que hayas encontrado el camino de vuelta."

"No lo hice, tía Clara."

"Claro que sí."

"No," dijo él, "¿recuerdas lo que me dijiste sobre los ángeles, sobre cómo algunas veces un ángel de la guarda te puede ayudar?"

Ella asintió.

"Fue un ángel de la guarda el que me ayudó, y lo curioso es que se parecía mucho a papá."

5

El Ángel de Annabel

¿Crees que no puedo rogar a mi Padre, que enviaría de inmediato más de doce legiones de ángeles en mi ayuda?

—Mateo 26:53

Miró una vez más su imagen en el espejo del tocador después de pasarse el lápiz labial. No entendía todos los matices que componían el concepto masculino de la belleza femenina, pero sabía que los hombres pensaban que había sido bendecida con sus atributos naturales. Todos los ojos se posaban sobre ella, y Annabel no podía evitar el impacto que causaba, a no ser tratando de atenuarlo un poco en los casos en que era necesario, como en aquel día.

A la hora del almuerzo debía dar una charla a un grupo de mujeres profesionales y de negocios acerca de "Cómo una Mujer Puede Tenerlo Todo." Y quería dar la impresión de estar hablando de negocios, no de maquillaje.

Rápidamente se puso una blusa rosada pálida y un traje gris claro con una falda que le llegaba a las rodillas. Unos aretes, un collar de perlas y unas medias color piel que combinaban con los zapatos grises completaban su atuendo. Ahora estaba frente al espejo de cuerpo entero. Sí, lucía como una mujer de negocios. Pero Annabel Overstreet también lucía como una mujer, punto. El mensaje de su discurso consistía en cómo triunfar como mujer en el mundo de los negocios, y a la vez alcanzar el éxito como madres y esposas. Por supuesto, las mujeres del almuerzo notarían su cabello rubio cenizo, su piel (un dermatólogo le había dicho que era perfecta) y su figura (trotaba dos veces a la semana y hacía aeróbicos tres). Pero también sabrían que tenía y dirigía una reconocida tienda de ropa femenina, que estaba casada con el vicepresidente de un banco y era la madre de una hija de tres años.

Una voz infantil se escuchó a través del corredor: "Maaami," luego apareció la bebé, que tenía el cabello del mismo color de su madre y recogido en una cola de caballo. La niña corría y saltaba sobre la cama.

"Baja de ahí." Annabel extendió la mano y la niña levantó sus brazos, esperando que la cargara.

"¿Puedo ir con Gail al parque? Quiero darle de comer a las palomas."

"¿No lo hiciste ayer?"

"Hoy también tendrán hambre."

Annabel abrazó a su hija y la puso en el piso. "Creí que hoy irías a la biblioteca."

"Podemos ir más tarde. ¿Me dejas ir al parque?"

"No lo sé."

"Gail dijo que tal vez podríamos ver a su ángel."

Annabel frunció el ceño. Tendría que hablar con Gail de nuevo. Gail era una niñera excelente, pero tenía que dejar de llenarle a Shannon la cabeza de ideas fantasiosas. No había ningún problema con que le leyera cuentos de hadas, ni con que Shannon oyera canciones infantiles, pues le encantaba que le contaran aventuras de personajes ficticios y disfrutaba mucho cuando Gail le leía un libro tras otro en la biblioteca. Pero Gail hablaba de los ángeles como si fueran reales. Y Shannon le creía todo lo que ella le contaba sobre ellos.

"Hablaré con Gail," dijo Annabel. "¿Por qué no vas al cuarto a jugar mientras tanto? ¿Me das un beso?" Shannon se paró en la punta de los pies y Annabel se inclinó para que su hija le diera un beso en la mejilla. Luego Shannon salió del cuarto corriendo.

Annabel volvió a fruncir el ceño. Realmente tendría que ser tajante con Gail. Había tratado de dejarle claro que había una diferencia entre las historias de los libros y sus cuentos sobre los ángeles de los que hablaba como si se tratara de seres reales. El problema era que Gail realmente creía en los ángeles. Decía tener un ángel de la guarda, incluso le había puesto un nombre, Abril.

Gail le había contado que la primera vez que había visto a Abril había sido la noche de la muerte de su madre. Gail era niñera en otra casa, y vivía a más de cuatrocientas millas de su madre. Aquella noche se había despertado y había visto a Abril al lado de su cama. Abril le contó de la muerte de su madre, pero le dijo que no debía preocuparse, pues su madre estaba feliz y quería que Gail supiera que la amaba y que algún día volverían a verse. Gail se asustó mucho al ver a Abril, pero de repente el ángel desapareció, y Gail se tranquilizó y tuvo una profunda sensación de paz.

La otra ocasión en que Gail había visto a Abril había sido en el parque Bushingland. Gail acababa de llegar a la ciudad y estaba a punto de empezar a caminar por un sendero del parque cuando, de pronto, vio a una mujer sentada en una banca. Al acercarse, Gail reconoció a Abril. Lo único que dijo el ángel fue: "No tomes este camino, sigue el otro." Algo contuvo a Gail de hacerle alguna pregunta, pero inmediatamente se dio vuelta para seguir por el camino que ella le indicaba. Pocos minutos después, Gail sintió una voz apenas audible que llamaba desde atrás de algunos arbustos. Gail se acercó con cuidado hasta llegar donde una mujer de edad que yacía junto a su bastón, bajo un roble.

"No puedo levantarme," dijo la mujer. Gail extendió el brazo para sostener el de la señora, y ésta hizo un esfuerzo por pararse. "Si tan sólo lograra ponerme de pie, podría seguir caminando sola."

"¿Por qué está tan lejos del camino?"

"Vi un pájaro volando muy bajo desde un árbol, como si estuviera herido o lastimado. Quería verlo."

"¿Dónde está el pájaro?"

La señora negó con la cabeza. "Cayó al suelo, pensé que estaba herido. Pero cuando estiré el brazo para alcanzarlo, voló directo hacia mi rostro. Fue entonces que me caí."

Gail la acompañó hasta el camino. "Ya se siente mejor?"

"Sí. Gracias. No sé lo que hubiera hecho is usted no hubiera llegado."

"Alguna otra persona habría venido."

Annabel no creía en los ángeles y pensó que Gail había soñado la primera historia. En cuanto a la segunda...bueno, ella podía haber visto a alguien sentado en la banca de un parque que le resultaba parecido a Abril. ¿Cuál podía ser el motivo para que aquella mujer hubiera mandado a Gail a ayudar a la señora, en lugar de hacerlo ella misma? Annabel no lo sabía. Pero en la ciudad hay muchas personas extrañas, y algunos dirían que Gail era extraña. De hecho, después de que salió a la luz el tema del ángel, ella y Fred habían discutido si Gail realmente sería la persona adecuada para cuidar a Shannon.

Pero Gail había sido altamente recomendada por las tres familias para las que había trabajado en otras ciudades. Siempre era difícil encontrar buenas niñeras, y era evidente que a Shannon le agradaba Gail. Lo que pensara de los ángeles era asunto suyo. Había otras personas que creían en ángeles. Pero Annabel insistió en que Gail no le volviera a hablar a Shannon sobre el tema y aparentemente Gail había seguido la orden, hasta ese día.

Gail estaba en la cocina, poniendo los platos en el armario.

"¿Así que vas a llevar a Shannon al parque de nuevo hoy?" le preguntó Annabel.

"Quería consultarlo con usted primero."

"Shannon dice que tú mencionaste a un ángel."

"Lo siento. Se me escapó."

"Sabes lo que pienso respecto a esa clase de conversaciones. Shannon está en una edad en la que es muy impresionable."

"Sí, señora."

"Y no me trates de 'señora,' Gail, yo soy Annabel."

"Sí…Annabel."

Annabel sonrió. "Claro que pueden ir al parque, pero quiero que también vayan a la biblioteca."

"Así lo haremos."

Cuando conducía rumbo a su tienda, Annabel repasó algunas de las ideas sobre las que hablaría en el almuerzo. Mencionaría a su esposo. Fred era todo un profesional cuando se conocieron. Ella apenas había salido de la universidad un año atrás y, junto a su mejor amiga, Gloria, buscaba un préstamo para abrir su tienda de ropa. Querían ser socias, Gloria se dedicaría al manejo de la tienda y ella enfrentaría el reto de la imagen pública del negocio.

Fred había sido quien la había atendido en el banco, había tomado un interés especial en su solicitud, y a partir de allí había empezado su relación. En cuanto a Annabel, aquello que había comenzado como un interés profesional rápidamente se transformó en algo más personal. ¿Acaso habían vivido un idilio arrollador? Los compañeros de trabajo se burlaban de Fred porque era muy conservador en los negocios y aún más recatado en sus métodos de conquista.

Lo cierto era que Fred había admirado la ambición de Annabel, la había animado en sus planes y las había aconsejado a ella y a Gloria en muchos detalles relacionados con el inicio de su empresa.

Lo que Annabel no les contaría a las asistentes al almuerzo serían los problemas que había tenido últimamente con Fred.

"No creo que una niñera solucione el problema por completo," le había dicho él una noche, en un restaurante.

"¿Qué quieres decir?"

Él esperó mientras tomaba un sorbo de su copa de Sauvignon Bealieu blanco. "Demasiado sabor a fruta," dijo. Apartó la vista de la copa y la miró a los ojos.

"Creo que deberías pasar más tiempo en casa."

Ella puso su copa sobre la mesa y lo miró fijamente. "Pensé que habíamos llegado a un acuerdo."

"Así es, pero las cosas pueden cambiar."

"¿Cómo?"

Él vaciló. "Ya no estamos tan jóvenes. Si queremos otro hijo…" tomó otro sorbo de vino, "es sólo que hablé con Candice hoy."

"¿Está bien?" preguntó Annabel. "Hablé con ella ayer."

"No se estaba sintiendo muy bien."

"Me dijo que ya estaba un poco mejor."

Él negó con la cabeza. "Tiene muchos altibajos, un día está bien y al siguiente empeora. Es como si estuviera sobre una montaña rusa."

Annabel se quedó callada. Candice era la hermana de Fred, y estaba tratando de tener otro bebé. Había tenido un aborto natural el año anterior y tenía mucho miedo de perder éste también. "Tal vez deberíamos ir a visitarla," dijo Annabel.

"Me dijo que le ha servido mucho hablar contigo. Está muy agradecida por todas las llamadas y el tiempo que le has dedicado."

"Quisiera poder hacer más por ella."

"Ella está consciente de su edad. Eso es lo que más le asusta."

"El médico la tranquilizó…"

"Lo sé, pero *tiene* treinta y siete."

Ella lo miró fijamente. "¿Y tú crees que nos estamos haciendo viejos para tener otro hijo?"

"No."

"Tengo treinta y dos. Sólo íbamos a esperar dos años más."

"Lo sé. Es sólo que…Con cada año que pasa aumenta el riesgo." Él tomó otro sorbo de su vino y le habló suavemente. "Creo que debemos intentar tener nuestro segundo hijo ahora."

"Entiendo."

Él estaba irritado. "Simplemente ya no somos tan jóvenes...Ninguno de los dos."

"Fred, dijimos que esperaríamos dos años más antes de tener otro bebé. Sabes que antes quiero terminar la ampliación de la tienda."

"Hay otra razón," dijo Fred. "Creo que Shannon necesita tener un hermano o una hermana pronto."

"¿Y hace cuánto estás pensando esto?"

"Desde que entrevistamos a las niñeras."

"No me dijiste nada en aquel momento."

"Sabes cuántas niñeras conocimos antes de encontrar a Gail."

"Tuvimos suerte en conocerla."

"Lo sé, pero estuve pensando que una niñera influencia mucho la vida de la familia. Cualquier persona que viva en nuestra casa afecta a Shannon; yo sé lo que es crecer con una hermana. Quiero que Shannon tenga una hermana o un hermano."

"Yo también. Sólo estamos hablando de dos años. Y el tener a una niñera como Gail hace más fácil esperar ese tiempo."

"Pero Gail no puede asumir el papel de madre," dijo Fred.

"¿A qué te refieres?"

"Tener otro bebé es sólo parte de lo que he pensado. Creo que deberías disminuir tu ritmo de trabajo y pasar más tiempo en casa."

"¿Hay algo más que no me hayas dicho?" preguntó ella. Fred no le respondió.

Annabel desvió la mirada por un momento y vio que había dos hombres parados junto a una mujer que estaba sentada en el bar, frente al área del comedor. Un hombre le encendía un cigarrillo, mientras ella se inclinaba más de lo necesario hacia delante, desviando la atención de su acompañante. Annabel dio un pequeño suspiro y luego volvió a concentrarse en su esposo.

"Los dos queríamos hijos," dijo ella. "Y cuando tuvimos a Shannon, no te pedí que renunciaras a tu carrera."

"No te estoy pidiendo que hagas eso."

"Pero, de alguna manera, yo estoy en una posición distinta a la tuya, ¿no es así? Ella creció dentro de mí, pero nueve meses de atención dedicados exclusivamente a ella no te parecen suficientes. Al nacer un niño, tanto la madre como el padre deben estar allí para educarlo, pero, de cierta manera, la responsabilidad del padre es menor. La mujer debe marcar tarjeta más a menudo, eso es lo que crees, ¿no es así?"

Se miraron fijamente, hasta que Fred bajó la mirada. "Hablemos de esto después."

"Hablemos ahora," dijo ella. "Porque creo que estamos tratando un asunto muy importante de nuestra relación. Pensé que ya habíamos resuelto esto, pero de repente, quieres cambiar las reglas del juego."

"Está bien," dijo él. "Te expondré mis argumentos. Yo te amo, tu dinamismo, tu ambición, tu talento, tu facilidad para los negocios…Tú eres todo eso. Quiero que tengas tu propia carrera y me alegra que tengamos una niñera. Pero si pudieras pasar un poco más de tiempo en casa…Gail es magnífica, pero ella no eres tú. Si pudieras hacer eso, y tratar de quedar embarazada, bueno pues…Simplemente me parece que en este momento debes alejarte un poco del trabajo."

Ella lo miró pensativa. "Está bien, lo pensaré. Aún recuerdo las náuseas del último embarazo y cómo me sentí al engordar. Gloria tuvo que trabajar tiempo extra para que el negocio siguiera marchando. Esta vez sería más difícil, pero voy a pensarlo."

"Bien."

Ella sonrió. "Sería como tener la ampliación de la tienda y la mía al mismo tiempo." La sonrisa se desdibujó de su rostro. "Pero esa idea de que puedo ser una mejor madre no me convence. Mi carrera es tan importante para mí como la tuya lo es para ti. Podemos pagar una niñera y eso nos da la posibilidad de que ambos trabajemos. Pienso que así es como debe ser."

Ahora, mientras conducía hacia el centro de la ciudad, el recuerdo de la sonrisa de Fred le parecía reconfortante. Se detuvo en el estacionamiento de su tienda Gloria Annabel, Ltd. Cada vez que lo hacía, se sentía orgullosa al ver lo que sus sueños y el trabajo duro habían logrado construir. Hacía tiempo que Gloria y ella habían elegido cuál sería la imagen de la tienda. Caracteres simples y discretos en la fachada, pocos elementos decorativos dentro del almacén, colores sobrios, una disposición elegante pero práctica de la mercancía. Querían proyectar una imagen de calidad, la tienda debía ser mucho más que el típico almacén por departamentos, y, al mismo tiempo, debía ofrecer precios accesibles que atrajeran a la clase media. La fórmula funcionó, y ahora habían arrendado el espacio en el edificio del lado. Planeaban derrumbar la pared intermedia para ampliar el espacio en el primer piso.

Mientras ella se dirigía a las oficinas, en la parte de atrás del almacén, los representantes de varios clientes se acercaron para hablarle. Al llegar a las oficinas, vio a Gloria, sentada detrás de su escritorio, hablando por teléfono. "Necesitamos ese envío para el martes, Sr. Waterbone. Ciento cincuenta, es correcto. Estamos diseñando un anuncio publicitario para el periódico del domingo y queremos asegurarnos de tener los abrigos en los percheros cuando la tienda abra sus puertas el lunes. Muy bien. De acuerdo. Gracias."

Gloria colgó el teléfono y le sonrió a Annabel. "A Waterbone siempre se le hace tarde."

"Disculpa, estoy un poco atrasada. Estaba repasando mi discurso para las señoras del club hoy, y luego tuve una discusión con Gail acerca de los ángeles."

"Cómo te ha ido con Gail?"

"Muy bien. A veces parece caída del cielo."

Gloria sonrió. "Tal vez así sea, con esa idea que tiene sobre su propio ángel."

"Lo sé. Suena extraño. Pero ella realmente cree haber visto a un ángel en dos ocasiones; y no sólo eso, también cree que su ángel le ha hablado."

"Quisiera que los ángeles *fueran* reales," dijo Gloria. "¿No sería magnífico saber que tienes un ángel de la guarda?"

"Pero el misterio siempre será saber por qué algunas personas los ven y otras no."

"Quizá sea una cuestión de fe," dijo Gloria. "Tal vez la gente no puede verlos porque sencillamente no cree que sean reales."

"Quizá tengas razón. Yo sé que no he visto a ninguno."

"Puede ser que tú no necesites ver uno personalmente. Quizá tú no necesites tener tanta fe."

"Qué quieres decir?"

"Gail cree haber visto un ángel, y ella cree que son reales. Si lo cree firmemente, tal vez su fe tenga alguna influencia sobre su ángel u otro ángel para que te proteja a ti o a Shannon."

"Bueno," dijo Annabel. "Eso nunca se me había ocurrido. A mí se me ocurre otra cosa, mejor me voy a trabajar."

Poco después, Annabel se encontraba sentada en la cabecera de un comedor desde el que podía ver varias mesas circulares, alrededor de las cuales había cerca de ciento cincuenta mujeres, terminando su postre. Estaba más nerviosa de lo que esperaba. Si era cierto que tenía un ángel de la guarda, le hubiera gustado que la ayudara en ese momento.

Hacía ya un buen rato que había terminado de comer y repasaba mentalmente su discurso mientras asentía con la cabeza a los constantes comentarios de la presidenta del club, que estaba sentada a su lado. Finalmente, la presidenta se puso de pie, dio un toquecito en su copa, pronunció algunas palabras introductorias para presentar a las invitadas sentadas en la mesa central, y luego se dio vuelta hacia Annabel.

"No me gustan las presentaciones largas, así que simplemente les diré que Annabel Overstreet es una persona ideal para hablar sobre el tema de hoy 'Cómo una Mujer Puede Tener Todo.' Este título puede parecer idealista o incluso egoísta, pero creo que Annabel ha demostrado que es posible que una mujer llegue a tenerlo casi todo. Ella tiene una profesión, un esposo y una hija. Eso significa que es al mismo tiempo una mujer de negocios, una esposa y una madre. Es socia de Gloria Annabel Ltd., y apuesto a que hoy varias de ustedes llevan puesta ropa de su tienda. Su esposo es vicepresidente del Merchant's Street National Bank y su hija es una niña de tres años, llena de vida, llamada Shannon. Así que démosle la bienvenida a la Sra. Annabel Overstreet."

La presidenta tomó asiento y Annabel se paró detrás del micrófono y esperó a que los aplausos disminuyeran.

"Gracias, señora presidenta, honorables invitadas, gracias a todas ustedes. Déjenme empezar por decir que no creo que una mujer deba tenerlo todo, porque si llegara a hacerlo no tendría nada más por qué luchar. Si ustedes quieren una docena de manzanas y cosechan una docena de manzanas, entonces tendrán todo lo que querían y dejarán de cosechar. Pero la vida de una mujer nunca se detiene. Es cierto, tengo una carrera, un esposo y una hija. Pero todos los días aparece algo que me hace caer en cuenta de que no lo tengo todo. Siempre hay algo que está lejos de ser como quisiéramos. Siempre hay algo por hacer…Y esto vale para todas ustedes. Cada una tiene una carrera, algunas están casadas y tienen hijos, otras ya no tienen esposo o hijos. Pero, independientemente de esto, cada una tiene la misma posibilidad que cualquier otra persona de llegar a tenerlo todo. Porque tenerlo todo es una meta, no un logro, y cada vez que aprovechamos lo que tenemos de la mejor manera, avanzamos en esa dirección. Así que todo se resume en confianza, equilibrio y amor…"

Luego Annabel habló más detenidamente sobre cada uno de estos tres puntos, haciendo referencia a su experiencia personal. Les contó entonces sobre la confianza que había sentido cuando quería abrir su propio negocio, el equilibrio que trataba de mantener al ser una mujer de negocios, una esposa y una madre, su amor, que no se limitaba a las personas de su hogar sino que se extendía al interés y la preocupación que sentía por sus empleados y clientes, así como por todos aquellos con los que entraba en contacto.

Después de la charla, muchas mujeres se acercaron a ella para demostrarle su agradecimiento. Cuando saludaba a la multitud que le expresaba sus mejores deseos, una señora de unos cincuenta años puso dos boletos en su mano.

"Annabel, quiero darte estos boletos para la feria de diversiones del próximo sábado en el centro comercial Richland. Lleva a tu hija, le encantará. Habrá comida, juegos... todo en el estacionamiento."

Annabel le sonrió en señal de agradecimiento. Más tarde, en el auto, antes de encender el motor, miró los boletos y vio que eran para subir a los aparatos de juegos. El Richland era el centro comercial más grande de la ciudad, y la feria era una costumbre anual que se llevaba a cabo de manera simultánea con un carnaval por las calles aledañas. Annabel pensó en llevar a Shannon.

El resto del día fue una sucesión de llamadas telefónicas y visitas a algunos representantes de fabricantes que Gloria le había indicado. También tuvo que aconsejar a un empleado acerca de un problema personal que estaba afectando su trabajo, planear con la diseñadora de la vitrina la exhibición del mes siguiente y definir la compra de algunos maniquíes, además de caminar de aquí para allá mientras hablaba con los empleados y los clientes. Trataba de evitar pensar en el desorden que se produciría cuando empezaran a derrumbar la pared para hacer la ampliación.

En el camino a casa, cayó en cuenta de que aún estaba perturbada por el tema del bebé. Podía tenerlo ahora, pero también podía esperar dos años, tal como lo habían planeado. La opinión de Fred era importante para ella, pero en las decisiones de su matrimonio, creía que su propia opinión debía ser igual de importante a la de Fred. Claro que también era necesario considerar qué sería lo mejor para Shannon, la tienda y Gloria eran otro aspecto importante. Debía sopesar y juzgar muchos factores.

Lo primero que hizo al llegar a casa fue llamar a Candice y hacer planes para ir a visitarla con Fred esa noche después de la cena. A excepción de las ocasiones especiales, el trabajo de Gail terminaba cuando Fred llegaba a casa. A Annabel le encantaba cocinar, y después de dejar todo listo para la cena, se sentó en el piso junto a una casa de muñecas mientras Shannon movía apresurada los muñecos de aquí para allá. Cuando Fred llegó, le contó que había planeado ir a visitar a Candice.

"Quiero que entretengas a Henry mientras Candice y yo hablamos."

"No hay problema," dijo Fred. "Lo llevaré a la mesa de billar."

A Annabel nunca le había resultado difícil hablarle a Candice, pero esa noche sintió una gran tensión en el ambiente, la charla sobre temas intrascendentes cubría algún temor secreto. Henry pareció aliviado cuando Fred sugirió que fueran a jugar billar. Annabel terminó la taza de café que le había servido Candice.

"¿Cómo te has sentido hoy?" le preguntó. "Dime la verdad."

"Esta sensación que tengo...no pasa."

"¿Hablaste con el médico?"

"Hoy no. Él cree que debo visitar a un psiquiatra."

"Pero él no sólo está ahí para ayudarte como médico sino también para escucharte."

"Él no puede hacer nada, y yo tengo la sensación de

que voy a perder el bebé, sin importar todo lo que haga por salvarlo."

"Candice...Cuando perdiste el otro bebé dijiste que no habías tenido ninguna señal de alerta..."

"Me acosté, me quedé dormida y tuve un sueño. Soñé que el médico estaba atendiendo el parto y entonces desperté y..." Su voz se fue apagando. Puso su taza de café sobre la mesa. "No siento nada extraño, pero eso no significa nada. El hecho de que me sienta bien ahora no garantiza nada, porque el aborto puede ocurrir sin previo aviso. Y," los ojos de Candice se humedecieron, "tengo miedo, Annabel, todo el tiempo siento miedo..."

Annabel se acercó a ella y la abrazó. Candice lloró por algunos minutos, luego se enderezó sobre el sofá. "Siempre hemos querido tener niños y ésta puede ser nuestra última oportunidad. Pero tengo la sensación que nadie nos puede ayudar."

Annabel pensó un momento. "Conoces a Gail, nuestra niñera. Ella tiene la curiosa idea de que la gente tiene ángeles que la protegen."

"¿Un ángel de la guarda?"

"Es un pensamiento reconfortante. Si estuviéramos seguros de que tenemos un ángel, podríamos enfrentar casi cualquier cosa y nada nos causaría temor."

"Quisiera tener un ángel de la guarda."

"Quizá lo tengas."

"Tú no lo crees."

"Tal vez sí. Gail cree que ha visto a su ángel, y que, en las dos ocasiones, ha aparecido para ayudarla o para socorrer a alguien más a través suyo."

Después de un momento, Candice negó con la cabeza. "¿Dónde estaba mi ángel de la guarda cuando perdí el bebé?"

"No lo sé, pero…" Annabel tomó la mano de Candice. "¿Te molestaría si le pido a Gail que te cuente sus historias de primera mano? Podrían ayudarte."

Candice sonrió. "Está bien. La escucharé, pero no creo que ninguna de sus historias pueda ayudarme."

A la mañana siguiente, cuando estaba a punto de salir de casa, Annabel se volvió hacia Gail. "Quería pedirte algo. ¿Recuerdas a mi cuñada, Candice Martin?"

"Sí, anoche soñé con ella."

"¿Con Candice?"

"Debo decirle algo que le ayudará a sentirse mejor."

"Ven conmigo," dijo Annabel, mientras la llevaba hacia el comedor y acercaba dos sillas para que pudieran sentarse. "Cuéntame qué soñaste."

"Iba a contárselo anoche," vaciló Gail. "En realidad no soñé con Candice. Vi a mi ángel. Ella dijo que el bebé de Candice no tendría ningún problema."

Annabel trató de ordenar sus pensamientos. Gail había visto a Candice una vez, y había podido darse cuenta de que estaba embarazada. Pero Annabel nunca había hablado sobre Candice, y nunca había mencionado nada acerca del problema con el bebé.

"¿Algo anda mal con el bebé?" preguntó Gail.

"No." Annabel sacudió la cabeza. "Aún no. Pero la última vez Candice tuvo un aborto natural."

"Entonces puede decirle que en esta ocasión no tiene nada por lo cual preocuparse."

"*Díselo* tú, Gail. Eso era lo que quería pedirte. ¿Estarías dispuesta a hablar con Candice y contarle sobre las visitas de tu ángel? Ahora tienes incluso una mejor noticia para darle."

"Lo haría encantada."

"La llamaré y le preguntaré si podemos pasar a visitarla esta noche, si a ti te parece bien."

"Perfecto."

Annabel sonrió, le dio unas palmaditas en el hombro a Gail y se levantó. "Me gustaría poder creer en los ángeles como tú. Me temo que tendría que ver a un ángel de la guarda haciendo algo que no tuviera ninguna otra explicación."

Gail se puso de pie. "Los ángeles pueden hacer cualquier cosa, Annabel."

Esa noche Candice le hizo muchas preguntas a Gail. Annabel no lograba adivinar qué tanto había creído Candice en el relato, pero podía ver que el sueño de Gail la había impresionado. Candice quería creer, desesperadamente, que su bebé iba a estar bien, y de repente llegaba alguien que había soñado que un ángel le había hecho esa promesa.

El sábado, de camino al centro comercial, Shannon desbordaba de entusiasmo. En realidad no sabía lo que era un carnaval, pero sabía que se dirigía a algún lugar emocionante con su madre. Fred estaba jugando golf con dos compañeros de trabajo y un empleado del banco que trabajaba en otra ciudad. A Annabel le agradaba tener este tiempo a solas con Shannon. Además, hacía años que no asistía a un carnaval.

Al llegar al centro comercial, parecía como si toda el área del estacionamiento estuviera llena de aparatos de juegos y tiendas. Por fortuna, había un estacionamiento público en un edificio de cinco pisos en el extremo norte. De no ser así, se habría tenido que estacionar en las calles vecinas.

Annabel condujo despacio, piso por piso por la

rampa circular, en busca de un espacio libre. Finalmente llegó al piso superior bajo el cielo abierto y encontró un lugar en el fondo, cerca del pasillo de salida.

Espero que valga la pena, pensó, después de desabrochar el cinturón de Shannon. Luego, al ver que su hija saltaba de alegría, supo que el esfuerzo no había sido en vano. Encontraron el ascensor y bajaron en él.

Usaron los dos boletos para subir al carrusel y las tazas de té. Pero, como era de esperarse, eso no fue suficiente para Shannon, entonces Annabel compró diez boletos más y se tardó diez minutos buscando juegos que fueran apropiados para la edad de su hija. Shannon disfrutó mucho sobre el pony mecánico, también le gustaba observar a la gente que trataba de acertar los anillos en las estaquillas y a los que lanzaban bolas a botellas de leche de madera. El algodón de azúcar fue toda una novedad para la pequeña, que también quiso un cono de helado. Finalmente fueron a la rueda de la fortuna.

El carnaval no era tan grande como solían ser los que se celebraban en otras épocas a campo abierto en los pequeños pueblos, pero Shannon no lo sabía, y su alegría era inmensa. Así que las dos estaban realmente disfrutando del mismo.

Cuando llegó el momento de irse, Shannon tomó la mano de Annabel a regañadientes. Caminaron hacia la rampa del estacionamiento y subieron en el elevador hasta el piso superior. El número de autos ya había disminuido, algunos estaban arrancando. Cuando se dirigían al auto, alguien aceleró. Annabel miraba en todas las direcciones cuidando que no le pasara nada a Shannon. "No te alejes de mí," dijo, mientras abría la puerta de Shannon, que estaba del lado del pasillo de salida. Se inclinó y estaba abriendo el cinturón de seguridad de Shannon cuando escuchó un ruido. Era un motor que rugía cada vez más fuerte. Las llantas rechinaron y el auto le dio la vuelta a la curva, pasando muy cerca de ellas, luego continuó por el corredor hacia abajo. Annabel miró para atrás y quedó horrorizada. El auto se dirigía directo hacia ellas. Sin pensarlo, agarró a Shannon en sus brazos. En ese momento supo que la imagen de la muerte era una avalancha de rojo y cromo.

Sintió algo justo antes de escuchar el choque, algo sólido bajo sus brazos. Y entonces se encontró a sí misma allí, de pie, estrechando a Shannon con fuerza entre sus brazos, a quince pies de su auto. Un joven cayó súbitamente sobre la dirección del auto rojo; no se movía. Varias personas corrieron a observar lo que había pasado.

"¿Se encuentra bien?" le preguntó una voz.

Annabel miró atrás y vio a un hombre de unos setenta años. "Eso creo," respondió ella.

La voz del hombre temblaba. "Lo vi todo. Él venía directo hacia ustedes. No sé cómo lograron reaccionar tan rápido." Annabel lo miró fijamente. Él se llevaba las manos a la cabeza. "Yo no hubiera podido moverme tan rápido, ni aunque fuera joven. Ya no veo tan bien," se rio nervioso. "Mi esposa se burlará de mí si le cuento lo que creí ver."

"¿Qué dice?"

"Nada, tonterías."

"¿Qué vio?"

Él negó con la cabeza. "Creí…" tragó saliva, creí verla volar sobre el auto. No pude haber visto algo así, por supuesto. Sé que no la vi moverse. No entiendo cómo pudo apartarse tan rápido."

Annabel apartó la mirada de él y corrió hacia el auto

rojo. Dos hombres ayudaban a sacar con cuidado al conductor, que estaba consciente y sostenía su cabeza entre los brazos.

"Por suerte tenía puesto el cinturón de seguridad," dijo alguien.

Annabel se dio cuenta de que el chico no tenía más de dieciséis años. "Me duele la cabeza," dijo el chico entre dientes y Annabel percibió que había estado bebiendo. Uno de los hombres se acercó a Annabel. "¿Se encuentra bien, señora?"

"Sí."

"Llamaré a la policía." El hombre se dio vuelta y luego miró hacia atrás. "Tuvo suerte. Él venía directo hacia ustedes."

Annabel se recostó contra un auto.

"¿Qué pasó, mami?" preguntó Shannon.

"Creo que no lo entenderías, Shannon…" Annabel tenía en su mente el recuerdo fugaz de dos manos que la levantaron por los hombros y la pusieron suavemente sobre el piso, a quince pies de distancia.

"Yo no lo entiendo," dijo.

6

El Ángel de Ken

*Los ángeles de Dios son nuestros ángeles, así como
Cristo es de Dios y también es nuestro.*

—SAN AGUSTÍN

Ken Mullins había estado esperando en la zona de
cacería dos horas, dieciséis minutos y veintiún segundos. Lo sabía porque había puesto su reloj digital en la
función de cronómetro. Siempre lo hacía. Desde
que empezaba a esperar hasta que caía el primer pájaro, presionaba el botón y, luego de disparar, lo dete-
nía. Durante seis años había estado guardando el
registro de sus tiempos, también contabilizaba la distancia que trotaba diariamente. Le gustaba grabar sus
puntajes—de natación, de jogging, de ciclismo, y de
cuánto tiempo se demoraba en derrumbar un pájaro—.
Los récords lo hacían mantenerse activo. Su menor
tiempo en cacería era de veintidós segundos. Su peor
puntaje…bueno, parecía que hoy haría su peor puntaje. Miró a Chuck y a Nell, los dos perros, que esperaban pacientemente al lado de Jeff. De pronto, sintió un
escalofrío y el viento frío empezó a salir por su boca

121

creando una neblina que hubiera nublado su objetivo si lo hubiera tenido delante. Lo que necesitaba era otro pañuelo.

"¿Por qué tienes que salir a cazar hoy?," le había preguntado su esposa desde la cama. Salir de cacería era la última actividad que a ella se le ocurriría practicar, a no ser que se tratara de cazar alguna reliquia del período colonial. "¿Sabes lo que dijeron en el reporte del clima?," agregó.

"Es normal que haga frío en esta época del año."

"Al menos lleva un pañuelo extra."

Pero no lo hizo, lo único que había hecho era terminar de abotonar su abrigo y decirle: "¿Qué pasaría si me quedara en casa e intentáramos hablar?" Ella lo miró fijamente, luego volteó la cabeza y volvió a recostarla sobre la almohada.

"Que te diviertas," dijo ella mientras cerraba los ojos.

Ahora, él examinaba el cañón de su Browning, por encima y por debajo. Su padre le había regalado esa escopeta para su cumpleaños, una pieza hermosa y digna de orgullo, parte de la extensa colección de su padre. Él siempre le había prometido a Ken que aquella escopeta sería suya algún día.

Ken observó a Jeff. "Tal vez todos los pájaros ya se hayan ido al sur."

Jeff sonrió, con algo de burla. "Ten paciencia, muchacho. Eso es lo que le digo a mis vendedores. La paciencia ha de vencer."

"Sí, claro. Los pájaros deben de estar en Cancún, comprando postales para mandarlas a sus parientes del norte, mientras nosotros nos congelamos."

Jeff era dueño de un negocio de autos usados, y

había sido el mejor amigo de Ken desde la universidad. De repente, Nell y Chuck se pusieron inquietos. Ken se esforzó por escuchar el sonido que sabía que estaba por llegar. Jeff asintió, satisfecho. "Te lo dije, es cuestión de paciencia."

Ken tembló, pero no por el frío, sino por aquel sonido, que se hacía más intenso, un murmullo ronco que siempre le hacía sentir una intensa emoción en su estómago. Eran voces, similares a las de los niños cuando entonan una canción sin sentido, cada vez más alta. Era la música de los gansos que volaban deprisa y que resonaba en su corazón.

Levantó la Browning hasta su hombro, miró por el cañón de la escopeta al divisar la primera fila en forma de V que cruzaba por el cielo. El sonido los rodeó por todos los lados cuando Jeff hizo su primer disparo. Ken siguió mirando por el cañón de su escopeta: avanzaba, sí, se acercaba, pero no demasiado. Un poco menos. Sí, eso era. ¡Fuego! El corazón de Ken saltó al ver que dos pájaros caían en el agua. Jeff disparó tres veces más su Remington cuando Chuck y Nell llegaron al agua y comenzaron a nadar agitando fuertemente sus piernas. Ken detuvo su reloj y miró a Jeff.

"Dos," dijo.

Jeff levantó un dedo y sacudió la cabeza. "Debí traer a Betsy." Betsy era una Remington de dos cañones que Jeff tenía desde hacía once años. Le puso más cartuchos a su escopeta. Ken también recargó su arma y miró con admiración el trabajo que hacían los perros. Nadando orgullosos, llegaron lentamente a la orilla y tomaron los pájaros con suavidad hasta entregárselos en las manos.

Pasó una hora más. Luego dos. No aparecieron más

bandadas. Ken miró a Jeff, y éste a su vez observó a su amigo que se encogía de hombros. Sin necesidad de decirse nada, los dos empezaron a prepararse para partir. Ken estaba tan entumecido que no podía sentir el frío. Martha nunca había entendido su pasión por la cacería. Él le había explicado que su padre solía llevarlo a cazar cuando niño. Había tratado de describirle la maravillosa sensación que experimentaba un chico de diez años cuando recorría el campo con su padre y un perro, viendo el mundo como un lugar de aventuras encantadas. Ella no lograba entender cómo, después de todos estos años, el atractivo de la cacería seguía atrapándolo de una manera tan fuerte.

Quizá incluso se sintiera aliviada de no tener hijos varones a los que Ken les pudiera contagiar la misma pasión. Sus dos hijas no sentían ningún interés por las actividades al aire libre. Ellen, su hija de quince años, nunca había querido ir de caza con él. Además, ahora estaba mucho más interesada en los chicos que en cualquier otra cosa. Él había abrigado la esperanza de que Susan, su hija menor de once años, llegara a compartir con él la alegría que le producía la cacería. Siempre había sido una niña activa, llena de alegría y energía. En alguna ocasión lo había acompañado a una granja en la que criaban codornices, y había tratado de fingir entusiasmo, de ser lo que él quería. Pero al ver caer el primer pájaro y observar al animal muerto en la mano de su padre, no había podido ocultar las lágrimas. Habían tenido que poner fin a la caza inmediatamente, y de esa manera se había desvanecido cualquier esperanza de compartir esa parte de su vida con alguna de sus hijas. "Papi," dijo ella. "A Dios no le gusta que mates a los animales."

Ahora, en el camino de regreso al pueblo en la Jeep Cherokee de Jeff con los perros, que se movían inquietos en la parte de atrás de la camioneta, Ken pensaba en la frecuencia con la que Susan y Martha le concedían todo el peso del argumento a Dios. En lo que respectaba a la caza, por más que Ken citara el Génesis, donde Dios decía que el hombre tendría el dominio sobre los animales y que todas las criaturas le servirían de alimento, a ellas no les parecía suficientemente convincente.

Ken se dio vuelta y le preguntó a Jeff. "¿Alguna vez has tenido problemas para hablar con Kathy?"

"No últimamente," le contestó Jeff con una sonrisa.

"¿Ustedes hablan mucho sobre religión?"

"Sabes cómo le gusta participar en las actividades de la iglesia."

"No me refiero a eso. ¿Ustedes hablan acerca de sus creencias?"

Jeff negó con la cabeza. "No mucho, desde el principio del matrimonio acordamos no hacerlo. Tenemos opiniones diferentes acerca de la religión y la política. Yo voy a misa, pero Kathy siempre ha estado mucho más involucrada en ese tipo de cosas que yo."

"¿Ella también piensa que todo es obra de Dios, que todo lo que pasa es voluntad divina?"

"No," le contestó Jeff y lo miró fijamente. "¿Tienes algún problema?"

Ken asintió. "Creo que sí. Martha es una fanática, al menos con respecto a ciertas cosas, y está influenciando a Susan."

Permanecieron callados un buen rato hasta que finalmente Ken retomó el tema. "Estamos casados hace mucho...pero ya no hablamos, no nos comunicamos.

A no ser por las niñas, no tenemos intereses en común. Y además ahora está ese asunto de la religión...se ha vuelto peor desde que su madre murió."

"¿Le has comentado esto a tu pastor?"

"He pensado hacerlo, pero ¿qué podría decirme? Toda su vida gira en torno a la religión."

"¿Y qué tal si buscas ayuda profesional?"

"Nunca he querido creer que necesitemos algo así, pero no me agrada lo que está pasando. Lo nuestro ya no parece un matrimonio, parecemos dos extraños viviendo bajo el mismo techo." Ken vaciló, luego se enderezó y miró a Jeff. "Oye, lo siento, no quise decir eso."

"¿Somos amigos, no?"

"Por supuesto."

"Y los amigos pueden contarse este tipo de cosas."

"Pero no tienes por qué oírme hablar sobre esto. He tratado de conversar con Martha, pero ella se enfada y empieza a citar a 'Dios' o a algún ángel."

"¿Un ángel?"

"Ella está segura de que tiene un ángel de la guarda, y dice que todo el mundo tiene uno. Susan piensa igual."

Jeff giró a la izquierda en una calle de tres carriles y luego disminuyó la velocidad para detenerse frente a la entrada de una casa bordeada de arbustos hasta el garaje. Un corredor conducía hasta la casa colonial de estilo sureño.

"El viernes podríamos dejar los perros en casa y salir a cazar codornices," propuso Ken.

"¿Bromeas? No lograríamos atrapar una sola codorniz sin los perros."

"Podemos hacer ruido, armar un escándalo, hacer que salgan en vuelo."

"Se esconderán y se irán si no tenemos un perro que pueda asustarlas."

"Sí, lo admito, es más difícil."

Jeff sacudió la cabeza. "De cualquier manera, el viernes no puedo, tengo una subasta en Atlanta. A algunos nos toca trabajar."

Ken sonrió. "Reconozco que todo ha sido más fácil desde que mi sobrino está trabajando conmigo. Pero está bien, iré yo solo."

"¿Estás seguro de que no quieres llevar a los perros?"

"No esta vez."

"Tal vez tu ángel de la guarda logre hacer que las codornices alcen vuelo. Oye, lo siento," se burló Jeff. Ken se despidió de él y entró a su casa.

Al llegar a la cocina vio a Susan, que estaba comiendo un emparedado y hablaba por teléfono. Ella levantó la mirada. "Mamá fue a la feria del hogar con Edna." Ken recordó que Martha lo había mencionado durante la cena la noche anterior. Cuando se dirigía al cuarto de estar, escuchó la voz de Susan, que decía por el teléfono: "…el sueño era realmente hermoso, quiero decir, el ángel estaba vestido con un traje dorado y me miraba fijamente…"

Ellen estaba en la sala de estar, viendo televisión. "Hola, papá," lo saludó.

"¿Qué te parece si vamos a la feria del hogar después de que tome un baño?"

"Mamá está allá."

"Lo sé."

"Ella dijo que tú no querías ir."

"Cambié de opinión. Además, sabes que hemos estado pensando en remodelar la cocina."

Ellen lo miró perpleja. "No me gusta ir a esas cosas."

"Solo seremos nosotros dos. Tal vez se nos ocurran algunas ideas para la remodelación."

"Quedé de estudiar para el examen de historia con Marilyn."

"Está bien." Caminó de vuelta a la cocina, en ese momento Susan estaba colgando el teléfono.

"¿Qué es eso del sueño?"

"El mismo sueño de siempre, ya te lo he contado."

"¿Que viste un ángel?"

"Exacto. Y él me dijo que perseverara."

"¿Que perseveraras?"

"Que nunca me diera por vencida, que lo siguiera intentando."

"¿Intentar qué cosa?"

"Ya te lo he contado varias veces. Que intente encontrar la verdad."

"¿La verdad acerca de qué?"

"No lo sé, acerca de todo, supongo, que busque la verdad de todo."

"¿Acaso el ángel no puede ser mas específico?"

Susan estaba molesta. "Eso lo arruinaría todo. Él se refiere al significado de la vida. Eso es lo que debo descubrir, y no una cosa específica."

"Ya veo," asintió Ken. "Tiene sentido," dijo y salió de la cocina.

"Papá," lo llamó Susan, y él se dio vuelta. "¿Mamá y tú están teniendo problemas?"

"¿Por qué lo preguntas?"

"Es sólo un presentimiento. Parece que ya casi no hablan."

"Estaremos bien," le dijo Ken.

"El ángel me dijo algo."

"¿Qué?"

"Dijo que tú necesitabas encontrar la verdad."

Ken se quedó mirándola. "¿El ángel te habló de mí?"

"Dijo que dos personas a las que amaba debían encontrar la verdad."

"¿Eso fue todo lo que dijo?"

Susan asintió. "Sé que se refería a ti y a mamá."

Él vaciló. "Bueno, la verdad es una cosa importante," dijo.

Después de bañarse, decidió ir a la oficina en vez de visitar la feria del hogar. Estacionó en un lote en el que había un letrero que decía "Mullins Trucking." Un guardia le hizo señas con la mano para saludarlo. "Buenas tardes, Sr. Mullins."

"Hola Jimmy, ¿cómo ha estado el negocio?"

"No ha habido mucho movimiento hoy, Sr. Mullins. Pero el Sr. Carew está aquí."

Carew era su sobrino. A menudo Ken tenía que rogarle para que no fuera a la oficina los sábados. Pero Bill era adicto al trabajo, y Ken tenía que admitir que su trabajo se había aligerado desde que él estaba a bordo del negocio. Ken había tenido suerte. Bill quería cambiar de trabajo después de trabajar para una constructora de ladrillos durante once años. Era un excelente gerente de proyectos y Ken necesitaba ayuda en su negocio, que había crecido rápidamente en los últimos cinco años.

Ken pensó mucho si debía contratar a un familiar. Pero Bill era apenas cinco años más joven que él, pues era hijo de una medio hermana de Ken que era mucho mayor que él. Además de ser muy maduro, Bill tenía una excelente hoja de vida y en poco tiempo Ken se dio cuenta de que había hecho la mejor elección. No sólo trabajaban bien juntos, sino que habían desarrollado una relación muy estrecha que iba más allá de los lazos formales. A Ken le alegraba saber que no tenía uno sino dos amigos cercanos.

Bill estaba sentado frente a la computadora cuando Ken atravesó su cabeza delante de la pantalla. "Hola, Bill."

Bill levantó la mirada. "¿Qué tal estuvo la cacería?"

"Cazamos dos gansos. ¿Todo está bien?"

"Sólo quería terminar de revisar algunos informes. No esperaba verte aquí."

"Sabes que no tienes que venir los sábados, podrías ir a cazar conmigo."

"Las actividades al aire libre no son mis favoritas."

"Eso es lo que tú crees."

Bill negó con la cabeza. "Prefiero quedarme con la caza de nuevos negocios."

Ken vaciló. "¿Crees que podamos hablar después de que termines?"

"Claro."

"No es sobre negocios."

Bill se retiró de la computadora y se recostó en la silla. "Toma un asiento."

Ken se sentó y de nuevo vaciló, hasta que por fin dijo: "¿Recuerdas que alguna vez estábamos hablando sobre los hijos y dijiste que tu hija había salvado tu matrimonio en un momento difícil?"

"Lo recuerdo."

"Dijiste que Joan y tú tenían muchas diferencias de opinión."

Bill asintió. "Discutíamos todo el tiempo, no lográbamos ponernos de acuerdo en nada. ¡Cuál papel de colgadura comprar, qué película ver, el color del auto nuevo!"

"¿Y pensaron en divorciarse?"

"Lo único que nos mantuvo unidos fue Kate. Esa pequeña de tres años fue como un ángel enviado por Dios. Durante años habíamos tratado de tener un hijo y ya habíamos perdido las esperanzas cuando llegó Kate. Un ángel."

Ken sonrió nervioso. "Ese es otro tema del que quería hablarte."

"¿Sobre Kate?"

"Sobre los ángeles."

Bill se quedó mirándolo y Ken le preguntó: "¿Crees en los ángeles?"

Bill no respondió y Ken continuó: "No me refiero a los ángeles en el sentido figurado. Está bien, tú hija es un ángel. Pero hablo de verdaderos ángeles."

"Nunca he visto ninguno."

"Algunas personas los han visto. Mi hija dice que hay un ángel que aparece en sus sueños. Mi esposa cree que tiene un ángel de la guarda y le habla a él como te estoy hablando a ti."

"Interesante."

"Hablo en serio."

"Creo que los ángeles pueden ser reales. El hecho de que yo no haya visto ninguno no quiere decir nada."

"Pero los ángeles son sólo parte del problema. Martha cree en ellos y yo no. Antes discutíamos por todo, así como Joan y tú, pero ahora ya ni siquiera discutimos, simplemente no hablamos, no nos comunicamos. Punto."

"Espera sólo un minuto." Bill se acercó al teclado de la computadora, cerró el programa y apagó la computadora. Luego se recostó en su silla y apoyó sus pies sobre la mesa. "Muy bien, sabía que hoy tenía que venir a la oficina, sólo que no sabía cuál era el verdadero motivo, ahora veo que era para hablar contigo."

"No debería hacerte perder el tiempo con mis problemas."

"Aprovechemos que los dos tenemos tiempo. Hablemos."

"Creo que ya te lo he dicho casi todo," dijo Ken. "Pero no sé qué hacer."

"¿Desde hace cuándo están así?"

"Martha y yo nunca tuvimos muchas cosas en común, pero ella parecía interesarse por mí, y durante los primeros años eso era suficiente. Luego llegaron las niñas y eso nos unía, pero nuestras hijas ya han crecido."

"Y además, tú te estás convirtiendo en un hombre maduro."

"¿A qué te refieres?"

"A la crisis de los cuarenta."

"¿Crees que todo esto es culpa mía?"

"Espera," dijo Billy. "No es culpa de nadie, sólo es un hecho normal, forma parte de la vida."

"Por lo menos no me estoy comiendo con los ojos a las mujeres de veinte."

"Escucha, yo también estoy pasando por la misma crisis y tampoco estoy persiguiendo a otras mujeres. Pero me siento más inquieto de lo que solía ser. Soy consciente de que ya no estoy tan joven, de que tengo menos cabello, de que ya no corro tan rápido ni salto tan alto. Y nada de eso me agrada…quisiera pensar que no estoy envejeciendo, que estoy igual o mejor que antes. Hay muchas otras maneras de tratar de negarse a aceptar el paso de los años aparte de tener aventuras con mujeres más jóvenes. ¿Por qué crees que trabajo tanto?"

Ken sonrió. "¿Por qué eres adicto al trabajo?"

"Exacto. Y a ti te gusta cazar. Sé que tengo un problema, pero lo reconozco y estoy tratando de enfrentarlo." Billy se encogió de hombros y habló con sequedad. "Por lo menos ya no estoy trabajando los domingos," y vaciló, "casi nunca."

"¿Entonces, cuál es la solución?"

"Lo primero que hay que hacer es reconocerlo. El problema no está en las estrellas."

"Sino en mí mismo."

"Y el segundo paso es la comunicación. Esto que te está pasando afecta directamente a Martha, así que tienes que decirle lo que sientes."

"No estoy tan seguro de eso."

"Trata de recordar lo que sentías por ella al principio de su relación y aférrate a eso. Así, muchas de las cosas por las que discuten empezarán a parecerte menos importantes."

Ken asintió. "Todo lo que dices tiene sentido. Pero no me gusta pensar que todo esto sea mi culpa."

"Martha también tiene parte de la culpa. Ambos discuten, ambos han dejado de hablarse."

Ken sonrió nervioso e inquieto. "Pero creo que tendré que ser yo quien comience la conversación."

"Sólo ten en cuenta que no debes esperar un milagro. Reconstruir una relación toma tiempo."

En el camino de vuelta a casa, Ken trató de recordar la primera vez que había visto a Martha. Había sido durante su primer año de universidad. Él estaba sentado en un muro, afuera del centro estudiantil leyendo un libro de Wordsworth, cuando de repente pasó por su lado aquella rubia maravillosa. Apenas alcanzó a verla de perfil antes de que desapareciera. Sin pensarlo dos veces, se puso de pie, la siguió con la mirada y luego corrió detrás de ella.

"Disculpa," dijo, tratando de que ella no notara que

le costaba trabajo respirar, "pero creo que se te cayó esta moneda." Ella miró su mano y luego su rostro.

"No."

"¿Y esto tampoco es tuyo?" le dijo sosteniendo un cepillo en la mano. Ella lo negó con la cabeza.

"Entonces, ¿qué te parece si me dices tu nombre? Así tal vez descubra algo que se te haya perdido."

Ella no le respondió.

"¿Qué tal tu número telefónico?" preguntó, pero ella seguía callada, y él empezó a sentirse extremadamente incómodo. "Perdóname," dijo, y empezó a alejarse.

"Perdí un arete de turquesa," dijo ella, y entonces él la miró con una sonrisa de victoria. "En caso de que lo encuentres, mi nombre es Martha Carroway. Mi cuarto queda en el dormitorio Blackstone." Se dio vuelta y se fue.

Él no perdió su tiempo buscando ningún arete, en lugar de ello, fue a una joyería y le compró un par de aretes nuevos.

Así había empezado todo. En esa época, a él no le importaba que no compartieran los mismos intereses, o que hubiera falta de comunicación entre ellos. Había algo más importante que los había unido, y tal vez esa misma chispa que había surgido entre ellos volviera a encenderse si los dos trataran de reencontrarla juntos.

Esa noche, en la cena, él trató de sostener una charla ligera. Ellen estaba dispuesta a hablar, siempre lo estaba. Pero Susan comía en silencio, mirando de vez en cuando a su madre. Martha se tomó un buen tiempo para describir su visita a la feria del hogar.

Después, las dos niñas llevaron los platos a la cocina, y Ken aprovechó ese momento para proponerle

a Martha que fueran a dar un paseo. Ella parecía desconcertada.

"Vamos, di que sí," insistió él.

Fueron a Cawther's Park, un lugar desde el que podía
verse la ciudad iluminada. Había otros dos autos esta-
cionados junto a ellos.

"¿Por qué me trajiste aquí?" le preguntó ella.

"¿No lo sabes?" Él tomó su mano izquierda y tocó
sus anillos. Ella apartó su mano.

"¿Por qué estás haciendo esto?"

"Hace diecisiete años sabías para qué lo hacía."

"No somos los mismos de antes."

"Tú llevabas puesto un traje púrpura con una blusa
blanca que tenía lunares rojos y tenías el cabello en
una cola de caballo, con un flequillo que te llegaba
hasta las cejas."

"Ken, por favor, no sigas…"

"¿Te da miedo recordarlo? ¿Te da miedo recordar lo
que sentíamos entonces? Yo creía que tú eras la mujer
más hermosa que había visto. Mi corazón latía tan rápido que temía que pudieras escucharlo. A tu lado me
sentía el dueño del universo."

Martha no dijo nada, pero a pesar de eso, él se sintió
más cerca de ella en ese momento de silencio que en
muchos meses de conversaciones vacilantes y palabras
de enojo. El silencio se prolongó y él sintió que caminaba con ella por un camino casi olvidado. Entonces
ella se volvió hacia él.

"¿Cómo pueden haber pasado tantos años?"

Él tomó su mano de nuevo y acarició sus anillos.
"Proponerte matrimonio fue lo más importante que he
hecho. Aún lo es."

"¿Entonces qué nos está pasando? ¿Por qué no

somos capaces de hablar? ¿Por qué llevamos vidas separadas bajo un mismo techo?"

"Tal vez tu ángel de la guarda nos defraudó," dijo él secamente.

"Ken," dijo Martha en tono de reproche.

"Perdóname," dijo él, "tal vez no nos defraudó. Quizá yo lo defraudé. ¿Pero no se supone que los ángeles deben ayudar a la gente? ¿Por qué no puedo verlo, o soñar con él? ¿Y si tengo mi propio ángel, dónde está?"

"No culpes a los ángeles por los problemas de nuestro matrimonio."

"Está bien. Alguien me hizo recordar que somos responsables por todo lo que nos pasa. Sabes lo que quiero decir. Te amo, pero no siempre puedo pensar lo mismo que tú. Sobre los ángeles, por ejemplo."

"Nunca he insistido en que lo hagas. Pero sí quiero que aceptes algo sobre lo que soy sincera. Y si no puedes estar de acuerdo conmigo, al menos puedes respetar mis creencias."

"Puedo hacerlo."

"Creí que te estabas burlando de mí."

"Nunca quise herir tus sentimientos."

Se quedaron mirándose por un rato. Luego, sus rostros se acercaron, y de repente, Ken comprendió otra gran verdad: la llama que los unía aún no había muerto.

Ese viernes por la mañana, la alarma del radio despertó a Ken a las cinco en punto. El reporte del clima anunció que la temperatura sería de treinta y siete grados, no era demasiado frío, parecía perfecto para caminar por el bosque y el campo. La granja de Charly Keller estaba a veinte millas al norte del pueblo, sobre la autopista 27. Charly le había comprado sus camionetas y varios carros usados a Jeff, y siempre los recibía con gusto cuando iban a cazar en sus tierras. Ken lo había llamado con anticipación para que lo esperara.

El ambiente en la casa de los Mullins había mejorado considerablemente. Como era de esperarse, Martha aún se resistía a ir de cacería con Ken, y él no estaba dispuesto a acompañarla a recorrer las tiendas en busca de antigüedades. Pero habían vuelto a conversar y hacían planes que disfrutaban los dos. La orquesta sinfónica para él, un partido de básquetbol universitario para ella.

Volver a salir como pareja. Era una buena idea.

Mientras que no hablaran sobre ángeles, o discutieran sobre política y religión, nada podía salir mal. ¿Y si Ellen se fugaba con su novio? ¿Y si Susan salía a predicar en las esquinas? No había por qué preocuparse. El futuro podía depararles cualquier cosa, ellos sabrían manejarlo.

Al prepararse para salir de caza, Ken decidió llevar la Remington de dos cañones en la que tanto confiaba, era calibre doce, perfecta para las codornices. Sabía que si no iba con ningún perro, bien podía dejar el arma en casa, pero llevar la escopeta era casi tan emocionante como dispararla. Además, quizá su ángel se compadeciera de él e hiciera que los pájaros se alzaran en vuelo. Antes de salir, Martha, adormilada, le dijo entre dientes: "Ten cuidado."

Ken condujo hasta la granja de los Keller. La casa de madera estaba descuidada y tenía un techo de zinc. La voz de un niño gritó desde el interior de la cabaña y poco después la puerta del frente se abrió de un golpe. Roger Keller, de ocho años, salió corriendo. "¿Vas a cazar? ¿Puedo ir contigo?"

"¡Roger!" gritó Charly Keller. "¡Vuelve acá!" Charly se dirigió a la puerta y agarró a Roger por los hombros. "No te has puesto tu abrigo. Ahora vuelve adentro."

El chico entró a regañadientes a la casa. "¿Puedo ir?"

"No esta vez," dijo Ken.

Charly apretó la mano de Ken. "Ese chico tiene demasiada energía."

"Sólo espera a que crezca un poco."

"¿Por qué, acaso las cosas se hacen más fáciles?"

"Me temo que no."

Charly le señaló hacia el oriente. "Hoy tienes el campo completo para ti solo. ¿Jeff no pudo venir contigo?"

"Tenía una subasta en Atlanta."

"He estado pensando en comprar otra camioneta. Espero que traiga algunas buenas. ¿Quieres una taza de café antes de salir?"

Ken negó con la cabeza.

"Como quieras, pero habrá café hecho para cuando regreses. Parece que no hará tanto frío, pero es esa clase de frío que te cala los huesos. Estoy seguro de que más tarde querrás un poco de café."

Ken se despidió y empezó a caminar. Pronto, la casa comenzó a verse pequeña bajo los árboles, y, después de descender por una pendiente, desapareció de su vista. El campo surcado estaba cubierto de rastrojo, maleza, ramas y troncos secos. Él silbaba "Old Macdonald," con la mirada atenta hacia atrás y hacia adelante como un limpiaparabrisas intermitente. Y cantaba "pájaro, pájaro, vuela alto, bate tus alas y di adiós."

No esperaba ver ningún pájaro, pero era entretenido buscarlos. Y era divertido caminar, simplemente caminar por un mundo en el que el alma podía expandirse hasta el horizonte, más allá de la línea de los árboles. Caminó durante cuarenta minutos, luego una hora, sin encontrar ningún animal. Alternaba entre el bosque y el campo. Sabía que estaba por fuera de la propiedad de Charly, pero la tierra en la que había entrado no estaba cercada. Ya era hora de regresar.

Se detuvo en una zona boscosa. Había un tronco grande en el suelo, y, sobre él, una rama de dos pulgadas de diámetro. Ken levantó su escopeta y miró por el cañón, disparó y la rama saltó en pedazos.

Será mejor que ninguna perdiz se atreva a cruzar mi camino hoy, pensó mientras avanzaba. Pasó por otra zona de campo abierto y luego llegó a una segunda área de bosque. Charly tenía razón, empezaba a sentir frío. Pisó una rama y, de repente, algo cayó sobre él desde una rama. Miró rapidamente hacia arriba, era una ardilla. Al menos había algún animal por allí. Poco después llegó a otro tronco grande. Un impulso se apoderó de él y volvió a sentirse como si tuviera diez años. Subió por el tronco, manteniendo el equilibrio con la escopeta en una mano y la otra mano libre. Lo recorrió a lo largo y luego empezó a dar marcha atrás, despacio y con cuidado. Avanzaba lentamente con el pie derecho, cuando súbitamente oyó un sonido mucho más fuerte que el de la ardilla. Se dio vuelta, se sobresaltó y, por un momento, alcanzó a ver la cola de un venado dando saltos. Perdió el equilibrio y se resbaló. La escopeta golpeó una rama, que se torció. Ken la soltó e intentó agarrar otra rama, pero no la alcanzó. La escopeta se disparó justo antes de que él tocara al suelo.

Por un momento quedó tendido, inconsciente. Luego

sintió su mano húmeda y se sorprendió al ver que estaba roja. ¡Estaba sangrando! Ahora podía sentir también el dolor en el muslo superior. Trató de pararse y se dobló hacia atrás, por poco se desmaya. Se quedó en esa posición un largo rato. Sabía que tenía que hacer otro esfuerzo. No había nadie alrededor que pudiera ayudarlo. En algún momento Charly saldría a buscarlo, pero podría desangrarse, tenía que ponerse de pie. Estúpido, estúpido, estúpido. Había violado una norma básica de seguridad. Hay que mantener la escopeta con seguro. Él había disparado un tiro y luego había olvidado el seguro. Genial. Debería intentar levantarse otra vez.

Alcanzó a ponerse de pie, tambaleándose. Usó su escopeta como muleta y comenzó a avanzar despacio. Estaba fuera del bosque, por fin había llegado a campo abierto. Con cada paso que daba el dolor aumentaba. Al llegar a la otra área boscosa supo que no lograría seguir adelante. Y para cuando Charly lo encontrara ya podría ser demasiado tarde, pero no era capaz de avanzar. No podía cojear, gatear, nadar o volar una sola pulgada más. Estaba de pie, tambaleándose y sabía que no demoraría en caer. Entonces, de repente, sintió una fuerza que no sabía que tenía. Dio un paso ¡y se movió! Dio otro paso... ¡Estaba caminando! No podía creerlo. El dolor era mucho menor, y podía moverse.

Le parecía que llevaba horas caminado cuando vio una granja que le era familiar. Y aún lograba seguir andando, casi sin dolor. Finalmente, llegó hasta la entrada, y tocó a la puerta. Roger, el niño de ocho años, fue el primero que lo vio y se quedó paralizado.

"Recibí un disparo," le dijo Ken. Roger seguía de pie, inmóvil, mirándolo. "¿Está tu papá?"

"¡Dile que se vaya!" gritó Roger.

"¿Cómo?"

"Él me da miedo. ¡Que se vaya!"

En ese momento, apareció Charly detrás de Roger. Al ver la sangre, le gritó a su esposa. Luego, empujó la puerta para abrirla, mientras Ken se desplomaba en sus brazos.

Cuando Ken abrió los ojos estaba recostado sobre el sofá. "Detuvimos la hemorragia," dijo Charly, "pero tenemos que llevarte al hospital."

"¿Qué pasó?"

"Te desmayaste."

"No sé cómo logré llegar hasta aquí."

"Ese hombre te estaba sosteniendo," dijo Roger. Ken no podía verlo bien, pues estaba detrás de Charly.

"¿Cuál hombre? ¿De qué hablas?"

"¡Shh!," dijo Charly. "Tu mamá y yo no vimos a nadie."

"Él estaba ahí."

"¿Quién estaba ahí?"

"Ese sujeto que brillaba," dijo Roger. "Él me asustó, y tenía su brazo alrededor de tu cuerpo."

"Dije que ya era suficiente, Roger, basta," lo interrumpió Charly. "No había nadie."

"Sí había alguien. Estaba vestido de blanco, brillaba y luego desapareció cuando tú abriste la puerta."

Ken agarró el brazo de Charly con dificultad. "Creo que Roger tiene razón. Yo no lo vi pero pude sentirlo. Yo no hubiera podido lograrlo sino hubiera sido por él. Él me sostuvo." Ken se sentó despacio. "Vamos al hospital."

Charly lo ayudó a ponerse de pie, soportando su peso sosteniéndolo por la espalda. "Eso fue exactamente lo que hizo el ángel," dijo Ken. "Él me sostuvo así como lo estás haciendo tú, pero con más fuerza." Ken miró a Roger. "Tienes suerte, pudiste verlo."

"Él daba miedo."

"Y tal vez nosotros le demos miedo a él," dijo Ken.

En el camino al hospital, Ken no podía apartar un pensamiento de su mente: "Ahora Martha y yo tendremos algo más de qué hablar."

7

El Ángel de Randy

Cada hombre tiene un ángel de la guarda que le ha sido asignado

—Santo Tomás de Aquino

El pavimento todavía estaba un poco húmedo por la helada de la madrugada. Éste era el mejor horario para correr, cuando la luz del alba aún era dorada y el aire estaba fresco. Una de las ventajas de su trabajo en la estación de bomberos era la rotación de los horarios, pues podía prolongar sus carreras en los días de descanso. Sin embargo, una de las desventajas de su trabajo era que había contribuido al rompimiento de su matrimonio.

A Randy Steward no le gustaba pensar en su divorcio, pero mientras corría esas 11.2 millas a lo largo de Macon Jones Park reflexionaba sobre muchos temas y Jackie era uno de ellos.

Al mirar atrás, le resultaba difícil entender cómo había llegado a casarse con Jackie Larson. Ellos parecían incompatibles desde el comienzo. Él acababa de salir de la marina, y estaba presentando un examen de servicio civil, cuando de repente vio a aquella hermosa pelirroja sentada dos filas delante de él. Nunca había sido tímido, y después de entregar la prueba se las ingenió para toparse con ella cuando estaba a punto de cruzar por la puerta. Eso había sido seis años atrás. Su relación había sido volátil e irresistible, un ejemplo más del viejo adagio de que los opuestos se atraen.

A él le gustaba la naturaleza; a ella, los espacios cerrados. Él era aficionado al boxeo; ella, al ballet. Él veía MTV y ella prefería los programas culturales. Randy comía hamburguesa con cerveza; Jackie, ternera con vino.

En su primera cita habían ido al cine—un territorio neutral. Pero, de esa noche en adelante, sus noches habían sido un ir y venir entre dos mundos. Ella lo había llevado a escuchar su primera sinfonía. Él la había invitado a patinar por primera vez. Randy la había pasado de maravilla esa noche, pues siempre había sentido la necesidad de tocarla—y el patinaje le daba la oportunidad de levantarla y sostenerla. Los dos estaban dispuestos a probar cosas nuevas y cada uno trataba de apreciar el atractivo de lo que les era inusual.

Había un aspecto de su relación que no necesitaba ningún ajuste—los momentos de intimidad, después de las citas, que los dejaban sin respiración, las caricias en la piel y la unión de sus labios. La atracción física entre ellos era capaz de producir terremotos.

Tras uno de esos encuentros, en los que el asiento reclinable convertía a su auto en una bóveda de placer, mientras ambos estaban tendidos, temblando en los brazos del otro, Randy le había propuesto matrimonio, y Jackie había aceptado.

En esa época, Randy había obtenido su puesto como bombero y Jackie había ingresado al círculo de secretarias de Atkins, Graves, Littlefield y Asociados, una firma de abogados.

Quien más dudas tenía acerca de su unión era Eldon Boles, amigo de Randy desde la infancia. Los dos se habían dejado de ver después de la secundaria, cuando Randy había entrado a la marina. Al regresar a casa años después, Randy había encontrado a Eldon casado, con un hijo y otro en camino. Ahora Ken Boles tenía ocho y Jan Boles seis.

Cuando Randy le había pedido que fuera su padrino, Eldon había aceptado, pero había aprovechado la oportunidad para hacerle algunas preguntas. También le había hablado de su matrimonio con Gladys y le había contado que a él y a su esposa les gustaban las mismas cosas, estaban de acuerdo en temas importantes y tenían muchos intereses en común. Luego le había preguntado a Randy si estaba seguro de querer casarse con una mujer tan diferente a él.

Pero, por otro lado, había otra persona que lo animaba y lo hacía confiar en su decisión de casarse con Jackie: su futura suegra. Rebecca Larson era una viuda con tres hijas, de las cuales Jackie era la menor. Las otras dos hermanas estaban casadas y vivían en estados diferentes. Rebecca y Randy se habían entendido de una manera muy especial, una especie de conexión psíquica. Los padres de Randy habían muerto, así que Rebecca se convirtió en una segunda madre para él. Para ella, el vínculo con el prometido de su hija era igualmente estrecho. Nunca había tenido un hijo y aunque ya tenía dos yernos, no sentía con ellos la misma afinidad que con este joven atento y divertido que además adoraba a su hija.

Ella se daba cuenta de que él y Jackie eran diferentes, pero también sabía que su hija era afortunada al haberse enamorado de un hombre como él. Con sus palabras, Rebecca le había dado un empujón a su noviazgo. Su mayor preocupación, sin embargo, era el interés de Jackie por las cosas materiales. Hacía mucho tiempo, Rebecca había aprendido que las cualidades de la personalidad eran mucho más importantes que la acumulación de riquezas. Pero a Jackie le gustaban las cosas materiales; le gustaba el dinero. Y aunque su trabajo era admirable, Randy no parecía tener perspectivas de hacerse rico. Rebecca deseaba que su hija creciera en todos los sentidos y que fuera lo suficiente madura para entender lo que era realmente importante en las relaciones.

Su matrimonio no se había terminado con ninguna discusión desagradable. El distanciamiento se había convertido en un hábito, en un sentimiento de resignación. Una noche, después de preparar la comida preferida de Randy, Jackie simplemente le dijo: "Me voy."

Él trató de parecer sorprendido o herido. Lo mínimo que podía hacer, por respeto a ella, era fingir que estaba disgustado, arrepentido y triste. Pero en realidad se sentía aliviado. Le insistió en que fueran amigos y en que el divorcio transcurriera sin amarguras. Vendieron la casa y dividieron todas sus propiedades, incluso la herencia que había recibido recientemente de su tía Gertrude, la única hermana de su madre. Gertrude nunca se había casado, siempre había vivido frugalmente y había ahorrado una sorprendente suma de dinero tras largos años de trabajo como vendedora inmobiliaria.

Como no tenían hijos y debido a que ella había sido ascendida a asistente administrativa de uno de los socios de la firma, Jackie no le pidió pensión alimentaria a Randy. Más tarde, él se enteró de que ella ya había estado pensando en volverse a casar desde antes del divorcio, y ahora estaba comprometida con uno de los socios más jóvenes del bufete.

Pero nada de esto había alterado la relación de Randy y Rebecca. Ella seguía siendo como una segunda madre para él, y él no quería que nada cambiara entre ellos. Si alguna vez él volvía a casarse, sabía que ella se alegraría por él, igual que cualquier madre.

Pero él no estaba pensando en matrimonio. Ni siquiera estaba saliendo con ninguna chica. Durante los seis meses posteriores al divorcio no estuvo interesado en conocer a nadie, aunque en estos últimos meses había empezado a notar algunas mujeres atractivas. Pero si algo sabía era que en cuestiones de amor no es conveniente apresurarse. Y ni siquiera las hormonas harían que empezara a fijarse en anillos de compromiso. El matrimonio no podía basarse solamente en la atracción física. Él ya había experimentado esa sensación al máximo y dudaba que alguna vez volviera a sentir esa misma atracción física con otra mujer.

Al seguir la ruta a lo largo del Macon Jones Park, llegó a una calle asfaltada que subía hacia la montaña, llegaba a la cima en una meseta y luego bajaba a través de curvas, algunas leves, otras inesperadas y forzadas. Sobre este camino se corría anualmente un maratón en el que los participantes tenían que completar dos circuitos, además de recorrer un trecho del boulevard que comunicaba al parque con la ciudad. Tanto los novatos como los corredores experimentados llamaban a esta ruta "El Monstruo."

A Randy le encantaba aquel camino. Un circuito como ese, de 11.2 millas, expandía las arterias, fortalecía el corazón, estiraba los ligamentos, tonificaba los músculos y creaba un flujo de endorfinas que liberaba la tensión y le daba una sensación de bienestar. El problema era que la mayoría de las personas querían obtener estos resultados antes de alcanzar un estado físico adecuado. Para estar en forma, era necesario dedicar tiempo y tener paciencia, y cualquiera que se excediera al correr perjudicaba su salud y terminaba asociando el esfuerzo físico como algo molesto y doloroso. Randy había aprendido a base de cometer errores. Al principio, corría demasiado rápido y se imponía distancias muy largas, hasta que tuvo una fastidiosa lesión en el talón que le impidió correr por más de dos meses.

Pero ahora, correr había vuelto a ser un placer. Mientras hacía su recorrido por el parque, verificaba continuamente el estado de su cuerpo para asegurarse de no excederse.

A lo largo de la vía había indicadores de distancia. Al pasar la séptima milla, empezó a subir por una curva que desembocaba cerca de una carrera de obstáculos. Éste siempre había sido uno de sus lugares favoritos. Detrás de él se extendía un amplio campo de saltos y barreras de agua para los caballos. Pero algunas veces, cuando los caballos no estaban allí, los corredores entraban al campo y corrían alrededor de la circunferencia, que equivalía aproximadamente a una milla. Era una buena corrida y Randy había tratado de hacerla en una ocasión, pero casi nunca bajaba por allí pues siempre tenía que correr cuatro millas más para llegar hasta la entrada del parque, donde dejaba estacionado el auto.

Randy siguió corriendo por la carretera paralela al campo, y desde allí le echó un vistazo, no vio ningún caballo, pero cuando estaba a punto de dejarlo atrás, creyó ver una silueta...alguien que no se movía ¿Acaso estaba sentado? No estaba seguro, pero luego vio que la persona hacía un esfuerzo por ponerse de pie; luego cayó hasta quedar sentado. Randy se detuvo, entrecerró los ojos y puso su mano sobre la frente tratando de tapar el sol, para ver con claridad, y entonces comenzó a correr montaña abajo. El terreno era irregular y tenía que estar atento en dónde pisaba.

Llegó a la parte de abajo y pudo distinguir a una mujer. Una vez más, la señora trataba de levantarse. Él siguió corriendo hacia ella; con cada paso que avanzaba podía ver la figura con más claridad. Tenía un suéter de algodón y unos pantalones azules. Su cabello era rubio y le llegaba hasta los hombros. Ella miró hacia atrás y lo vio; finalmente él llegó hasta ella.

"Mi tobillo…" dijo. "Por favor, ayúdeme a levantarme." La mujer estiró su mano, tomó la de Randy y se apoyó hasta pararse sobre una sola pierna. "No vi el hueco."

Él estaba impresionado al ver lo alta que era. Él medía seis pies y una pulgada y ella llegaba casi a su misma altura. Sus ojos eran azules.

"¿Está segura de que puede mantenerse de pie?" le preguntó él.

"No está quebrado. Soy enfermera, estoy segura." Trató de dar un paso y se estremeció del dolor.

"¿Vino en auto?"

"Me estacioné en Indian Springs. Estaba corriendo por la carretera cuando vi el terreno de obstáculos y decidí hacerlo," dijo al tiempo que hacía muecas de dolor. "Creo que debí haberle dejado el campo a los caballos."

"Ése es el único problema de correr por aquí. Los caballos han hecho picadillo algunos tramos del terreno. Aun así es una buena ruta."

"Pero tal vez no sea recomendable recorrerla a solas," dijo ella.

"¿Está segura que puede caminar?"

Ella sonrió. "No."

"¿Le importaría volver a hacerlo?" le preguntó él.

"¿Hacer qué?"

"Sonreír."

Ella lo miró burlonamente, luego estiró el brazo. "Me llamo Dani Kendrick."

Él le dio la mano. "Mi nombre es Randy Stewart."

"¿Por casualidad está estacionado cerca de aquí?" le preguntó ella.

Él negó con la cabeza. "En la entrada del parque."

"¿Qué dice si le doy mis llaves? Indian Springs está tan sólo a una milla de aquí y usted podría regresar por mí."

"Tengo una idea mejor," dijo él.

"¿Cuál?"

"Puedo llevarla cargada hasta Indian Springs."

Ella sonrió una vez más. "Está bromeando."

"Haga de cuenta que soy su caballo."

"Tal vez no lo haya notado, Sr. Stewart, pero no soy precisamente una mujer pequeña."

"Es alta," dijo él. "Pero apuesto a que no pesa más de 140 libras."

Ella asintió. "Bastante cerca."

"Estoy acostumbrado a levantar pesos mucho mayores que ése, y, por favor, llámeme Randy."

Ella se quedó mirándolo por un momento. "Está bien, Randy. Puede ser mi caballo. Sólo avísame cuando quiera parar para descansar."

Él se dio vuelta y se inclinó hacia delante. Ella subió sobre su espalda y él sostuvo las dos piernas de Dani por debajo de sus rodillas.

"Un poco más arriba," dijo él. Entonces ella reacomodó su peso. Randy hacía cuclillas una vez por semana y era capaz de sostener un peso de 410 libras cinco veces seguidas. Así que para él, Dani era una pluma.

Ella estaba maravillada al ver la facilidad con la que él subía la montaña. La espalda de Randy era firme y sus hombros, sobre los que descansaban sus manos, eran tan fuertes y redondeados que le hicieron recordar el herrero del poema de Longfellow. Se sintió tentada a deslizar su mano bajo los brazos de Randy para sentir sus bíceps, pero trató de mantener la mirada fija en la carretera. Él era apuesto *y le gustaba correr.* A Darrel nunca se le hubiera ocurrido acompañarla a correr. Con los ojos puestos en la carretera, pensaba que sería agradable tener a un hombre como compañero de carrera. Ella siempre salía a correr por su vecindario antes de ir al hospital, y en sus días libres le gustaba explorar distintos lugares de la ciudad para hacer una carrera más larga.

Sería agradable tener a alguien con quien salir a correr, pensó él. En especial si se trataba de una mujer. En especial si se trataba de esta mujer. Ninguno de los chicos de la estación de bomberos salía a correr. Se burlaban de él por su afición al ejercicio, pero no lo hacían con malicia. Ya lo habían visto hacer dos series de quince flexiones de pecho primero con el brazo derecho y luego con el izquierdo. Lo habían visto levantarse tres veces seguidas con una sola mano. También habían sido testigos de cómo levantaba la mesa del comedor de la estación al agarrar la pata de la mesa con una mano, elevarla hasta la altura de los hombros y mantenerla allí por cinco segundos. Estas proezas nunca se le ocurrían a él, por el contrario, eran retos que le proponían los chicos, que tomaban partido y apostaban entre ellos.

Randy nunca había salido con una chica que fuera tan alta como él. Imaginaba cómo sería una cita en la que ella usara tacones altos y él tuviera que mirar hacia arriba para poder hablarle.

¡Levantar la mirada para hablar con una mujer! Jackie medía apenas cuatro con cinco, era menuda, todo en ella era pequeño, menos su voz.

Llegaron a Indian Springs, un área de picnic dentro del parque, en la que había siete mesas bajo techo y parrillas para asar. Su auto estaba estacionado cerca de allí, era un BMW 318i.

"No es último modelo," dijo ella cuando él la felicitó por su buen gusto en autos. Ella se paró, un poco torpe, junto al auto, tratando de mantener el equilibrio con una pierna mientras abría la puerta. Luego se dio vuelta hacia él. "Gracias. No sé lo que hubiera hecho sin tu ayuda."

"¿La próxima vez por qué no salimos a correr juntos?" le preguntó él.

"Me temo que tendré que esperar un tiempo hasta que mi tobillo sane," le respondió ella sonriendo.

"¿Dijiste que eras enfermera?" preguntó él.

Ella asintió. "Trabajo en el Hospital Good Samaritan."

"Yo trabajo en la estación de bomberos de Macklin Village."

"¿Así que eres bombero?"

Él asintió. "Pero también hago otras cosas, como ir al cine, salir a patinar, comer en restaurantes, y todas esas cosas me gustaría hacerlas contigo."

"Ya veo," dijo ella. "¿Qué tan buena memoria tienes?"

"Leo poesía y puedo recitarte 'El Cuervo.' "

"Realmente impresionante," dijo ella, y al sonreír el cielo se hizo más claro. "¿Pero eres capaz de memorizar números telefónicos?"

"Ponme a prueba."

"832-5739."

"Lo tengo," dijo él.

"Estaré en casa esta tarde," dijo ella, mientras subía al auto y encendía el motor. "Gracias de nuevo por traerme hasta aquí," agregó al despedirse.

Al llegar a la entrada de su casa, Randy vio a Ruby Puckett, su vecina de al lado, cortando el césped del jardín. Su hija de tres años, Marie, estaba parada dentro del corral y lo saludó cuando lo vio bajarse del auto. Él caminó hacia el corral.

"Hola, Marie."

"Hola, Sr. Suwar," dijo ella. La niña saltó enseñándole la pelota de plástico que tenía en sus manos. Randy estiró su mano y ella dejó caer la pelota. Él se agachó y la tomó en las manos.

"¿Quieres atraparla?"

"Sí."

Él la lanzó suavemente y ella extendió una mano; la pelota la golpeó y luego cayó en el piso del corral. Marie volvió a levantarla para lanzarla una vez más. Randy miró a Ruby.

"Algún día será una gran jugadora."

Ruby sonrió, apagó el motor de la máquina y caminó hacia él. "Deberías sentirte honrado. Marie no juega a la pelota con todo el mundo."

Randy tomó la pelota y la volvió a lanzar. Esta vez, las manos de Marie alcanzaron a agarrarla antes de que tocara el suelo.

"¿Cómo te fue corriendo?" le preguntó Ruby.

"Mejor de lo que esperaba," le respondió Randy. "¿Te molestaría si la cargo?"

Ruby negó con la cabeza; entonces Randy levantó a Marie y la sacó del corral. La estrechó entre sus brazos mientras ella se sacudía para arriba y para abajo, abrazándolo y en ese momento, Randy pensó: "Ésta es la mejor sensación del mundo." Quería tener hijos algún día. Quizá si Jackie y él hubieran tenido hijos...

Él había querido intentarlo, pero Jackie no estaba lista. Ella seguramente había sido más sensata que él, pues tal como marchaban las cosas entre ellos, era una bendición que no hubieran tenido hijos. Él sabía que un hijo no habría salvado su matrimonio, y que usar a los hijos como una manera de mantener a dos personas unidas era la peor solución, tanto para los padres como para los niños.

Pero él sí quería tener hijos. Quería a alguien como Marie, a quien pudiera alzar y abrazar, alguien que pusiera sus dos pequeñas manos alrededor de su cuello y lo saludara con un fuerte beso en la mejilla. Sólo llevaba cinco meses viviendo en esta casa, desde el acuerdo de divorcio y la venta de la otra casa, pero ese tiempo había sido suficiente para encariñarse con esta pequeña que lo saludaba con la mano, le sonreía y se contoneaba alegre cada vez que lo veía.

Wiley y Ruby Puckett eran profesores de primaria. Ruby había tomado un tiempo de licencia y estaban pasando por un aprieto económico, pero los dos pensaban que Ruby debía quedarse en casa hasta que Marie tuviera edad para entrar a kínder. Tenían una cerca de madera de cuatro pies de altura en el patio trasero, lo que le daba a Marie libertad para jugar, a la vez que evitaba que su dálmata vagara por el vecindario.

Wiley se rio cuando se dieron cuenta de que Randy era bombero. "Eres tú quien debería tener a Freckles."

Un día, Randy les había pedido que le dejaran llevar a Freckles a la estación de bomberos para una sesión de fotos. Al llegar, el fotógrafo le puso un casco de bombero, lo sentó en el asiento delantero del camión, y reunió a un grupo de bomberos que posaron a su lado para las fotos. Ahora, una ampliación de la foto colgaba de la pared, cerca del camión.

"¿Dónde está Freckles?" preguntó Randy.

"En el patio trasero."

"No está ladrando." Generalmente Freckles hacía un alboroto cada vez que oía llegar a Randy.

"Debe de estar dormido, o tal vez esté cavando huecos," dijo Ruby.

Randy puso a Marie de vuelta en el corral. "Tengo que irme, Marie. Adiós."

"Adiós," dijo Marie, y agitó su mano en señal de despedida.

Randy le sonrió a Ruby. "Necesito tomar una ducha," le explicó.

"La próxima vez que quieras sudar no necesitas salir a correr, puedes cortar mi césped."

"Gracias," le respondió Randy, sonriendo con burla. Al caminar hacia su casa, se dio cuenta de que su propio césped estaba bastante descuidado.

Después de salir de la ducha miró el reloj; ya era hora de llamar a Rebecca al hospital antes de su almuerzo con Eldon. Marcó el número y pidió que lo comunicaran con la habitación de su ex suegra.

Ella había salido temprano esa mañana y él le había ofrecido llevarla al hospital. Pero, como era de esperarse, Jackie también había querido llevarla, y aunque mantenían una relación amistosa, él no quería encontrarse con ella más de lo necesario. Así que había planeado visitar a Rebecca esa tarde, con la esperanza de que Jackie no estuviera allí.

Rebecca había empezado a tener problemas "femeninos." En realidad, el médico los llamaba endometriosis. En algunas ocasiones era necesario realizar una histerectomía, pero en el caso de Rebecca el doctor había recomendado una operación más sencilla para eliminar los quistes.

En un momento de franqueza, Rebecca le había dicho a Randy entre dientes: "Si tan sólo pudieran quitarme el estreñimiento." Pero Randy no había querido hacerle más preguntas acerca de los síntomas.

No quería perder a Rebecca, y le aliviaba saber que no tendrían que practicarle la histerectomía.

Escuchó su voz por el teléfono: "¿Hola?"

"¿Cómo estás?"

"¿Randy? Estoy bien, tan bien como puede estarse en un lugar como éste."

"¿La operación aún está programada para mañana?"

"Es lo que dice el doctor."

"No puedo hablarte mucho ahora. Pero pasaré a visitarte esta tarde."

"Bien."

Randy hizo una pausa. "¿Jackie está contigo?"

"Sí. ¿Quieres hablar con ella?"

"No," dijo Randy apurado. "Te veré más tarde."

"Te estaré esperando."

Randy colgó el teléfono suavemente. Imaginó a Jackie en el cuarto del hospital, chiquita, menuda, con el cabello negro muy corto. Pero, por alguna razón, empezó a ver a una mujer más alta, rubia, que lo miraba directo a los ojos.

Se encontró con Eldon en el restaurante Wendy de la calle Capers. A Eldon le gustaba comer allí porque le parecía que era un excelente restaurante de comida rápida.

"...Así que creo que las cosas van bien," estaba diciendo Eldon. "Al menos eso es lo que opina Al." Al Perry era su abogado. Eldon prosiguió: "Creo que podemos lograrlo. Con el dinero que te dejó tu tía y lo que pueden prestarme los padres de Gladys creo que tenemos suficiente capital. Además, mira," Eldon sacó una hoja de papel de su abrigo y la desdobló sobre la mesa.

"Eso parece hecho por Ken," exclamó Randy. Ken era el hijo de ocho años de Eldon.

"Está bien," dijo Eldon. "Esa es la imagen que queremos. Atraer a los niños es la mejor forma de garantizar que los padres vengan."

Randy asintió, al examinar el dibujo. "No está mal."

"Es genial."

"¿Quién dibujó esto?"

"Un sujeto de la compañía tiene un hijo que estudia arte."

"Vamos a necesitar mucho dinero."

"Tendremos suficiente."

Randy se quedó pensando. "Sé que ya lo hemos revisado todo. ¿Cuándo termina Al con la propuesta del contrato?"

"El jueves," dijo Eldon, y la emoción podía sentirse en su voz. Randy se rio para sus adentros. Eldon siempre había sido el tipo de persona que cree que todo es posible, pero, a veces, sus sueños excedían la realidad.

Quería dejar el negocio del transporte. Al ser un conductor veterano de Unified Van Lines constantemente estaba de viaje y quería pasar más tiempo en casa, especialmente ahora que sus hijos estaban pequeños. Por eso estaba buscando una oportunidad de hacer dinero "de verdad." Eso significaba tener su propio negocio, y, para ello, querían abrir una franquicia de Big Burger. Era un gran reto, tendrían la competencia de McDonald's, de Wendy's y Hardee's, así como de otras cadenas nacionales, pero ellos podían hacer que Big Burger fuera un poco diferente. Él tenía ideas, y quería entrar en el negocio con alguien en quien pudiera confiar: su mejor amigo Randy Stewart.

Randy miró a su alrededor, al mostrador, las mesas, el sitio para servirse ensaladas. Wendy's era un restaurante de primera. No sería nada fácil competir dentro del mercado de la comida rápida. Pero ya había una clientela potencial, dispuesta a gastar su dinero y ansiosa por ir a un restaurante que les prometiera una comida más atractiva a los mejores precios. Y las ganancias serían enormes si lograban conseguir suficientes seguidores para abrir otras sucursales. Apenas estaban haciendo los preparativos, serían los primeros en abrir un restaurante de Big Burger en la ciudad.

Esa tarde, cuando llegó a la habitación de Rebecca, sintió alivio al ver que Jackie ya se había ido.

"Hola, mamá," dijo Randy.

Ella estiró los brazos hacia él. "Ven acá."

"¿Puedo abrazarte?" le preguntó él.

"No estoy enferma," le respondió ella, tomándolo en sus brazos.

Él examinó su rostro. "Luces bastante bien."

"Tan sólo es una pequeña operación," dijo ella. "Además, tengo un amigo muy especial."

"¿Quién?"

Ella señaló la mesa de noche, sobre la cual estaba el enorme ramo de rosas que él le había enviado. Junto a él había una imagen de un ángel de cristal, con las alas extendidas. "Me lo trajo Jackie," dijo Rebecca.

Él lo tomó en las manos. El dibujo sobre el cristal estaba hecho con delicadeza: el color de la piel en el rostro y las manos y otros colores que se mezclaban suavemente para dar la ilusión de pliegues sobre el manto.

"Lo llamé Credence."

"¿Credence?"

Ella sonrió. "Puedes confiar en él, es mi ángel de la guarda."

Puso la imagen de nuevo sobre la mesa. "¿Cuándo podrás volver a casa?"

"Tres días después de la operación," dijo ella.

"Espero que todo salga bien."

"Credence me dijo que todo saldrá bien."

"¿Él te habló?"

"A veces, cuando me acuesto y lo miro, puedo oír su voz. En algunas ocasiones puedo hacerle una pregunta e incluso escucharlo."

"¿Y él te dijo que la operación saldría bien?"

"¿No me crees?" le preguntó ella.

"Si tú dices que él te habló, yo te creo."

"Quizá también hable contigo cuando realmente lo necesites."

"Si alguna vez llego a ser internado en un hospital, trataré de que me hable."

"Tu ángel de la guarda puede hablarte en cualquier momento. No Credence, sino tu propio ángel, el que te protege. Sólo tienes que estar dispuesto a escucharlo."

Él sonrió. "Mamá, si alguna vez me habla, lo escucharé."

"Y dime," comenzó ella, descansando sobre la almohada. "¿Qué hay de nuevo en tu vida?"

Él le contó que el negocio con Big Burger parecía estarse concretando.

"Detesto las hamburguesas," replicó ella.

"Por fortuna formas parte de una minoría," le respondió Randy con una sonrisa burlona.

"Pero hay algo más," advirtió ella.

"¿Cómo?"

"Lo sé," dijo ella, mientras señalaba con el dedo. "Sé que hay algo más." Su voz vaciló. "¿Conociste a alguien, no es verdad?"

Él se quedó mirándola.

"¿Tal vez alguna joven?"

"¿Cómo lo supiste?"

Ella se rio. "Una madre siempre se da cuenta de esas cosas." Se rio de nuevo. "Sólo fue un presentimiento, Randy. O tal vez una voz interior, o quizá mi ángel de la guarda que me lo dijo. ¿Conociste a alguien?"

Él le contó su encuentro con Dani detalladamente.

"¿Quieres decir que ella dejó que la llevaras hasta su auto? ¿Dejó que un extraño la llevara sobre su espalda?"

Él asintió. Ella sacudió la cabeza, sorprendida.

"Debía de estar escuchando una voz interior. Pero eso puede suceder, ¿sabías? A veces, es posible, cuando dos personas están destinadas a encontrarse y…" Se detuvo y sollozando suavemente estiró el brazo para alcanzar un pañuelo. Randy se inclinó hacia ella.

"Mamá, ¿qué sucede?"

"Jackie es una chica tan tonta," murmuró. Levantó la mirada para ver a Randy. "Tú encontrarás a alguien.

Tal vez sea esta chica," sonrió. "Lo único que quiero es que seas feliz."

Él la miró a los ojos. "Mamá, a pesar de lo que pasó con Jackie, haberte conocido hizo que todo valiera la pena. Yo *soy* feliz, y tú eres una de las razones que me alegran la vida."

Ella extendió su mano, para tomar la de Randy. Él la sostuvo con firmeza, y los dos permanecieron un rato en silencio, compartiendo una intimidad en la que no eran necesarias las palabras.

Al llegar a la entrada de su casa, Randy se detuvo junto a la cerca de los Puckett. Notó que una tabla ancha se estaba moviendo en la parte de abajo y cuando vio más de cerca descubrió una pata blanca que se asomaba por una rendija. Freckles, el dálmata, había estado cavando debajo de la cerca y había soltado la tabla. Era un perro fuerte, pero los Puckett no querían que andara suelto. Sería mejor que le avisara a Ruby sobre la cerca, para que pudiera tenerlo amarrado hasta que arreglaran la cerca.

Randy entró a su casa y se sentó al lado del teléfono. ¿El número de Dani? Su memoria era muy buena para retener datos importantes. 832-5739. Oyó el timbre, y luego una voz que parecía estar llena de promesas.

"Es Randy," respondió él.

"Recordaste mi teléfono."

"El caballo está fuera del establo."

"¿Cómo?" Su voz sonaba perpleja.

"Está golpeando el suelo con la pata, ansioso por salir, con o sin jinete."

Ella se rio. "¿Significa que no quieres que te ensillen?"

"Tal vez, sólo tal vez, al caballo no le importa si tú lo ensillas."

"Ya veo." Hubo una pausa. "¿A dónde quiere ir el caballo de paseo?"

"A la Taberna Castillo, para comer avena y agua, y luego a Cineplex Ten."

Hubo otra pausa. "Mi próximo día libre será el sábado."

Él se sintió aliviado, pues coincidía con su día de descanso en la estación. "Suena bien. ¿A las siete?"

"Perfecto."

"Necesito tu dirección."

"¿Estás seguro de que puedes memorizarla?" preguntó ella.

"Un caballo nunca olvida el camino a casa." Por alguna razón, su corazón latió más rápido al pronunciar esas palabras.

"Vivo en Blaicroft Lane 2139."

"Lo tengo," dijo y esperó.

"Te veré entonces," respondió ella, colgando suavemente el teléfono. Él también colgó. La voz de Dani era mágica.

Randy se sentó en silencio por un momento, y luego pensó en llamar a Ruby para advertirle sobre la cerca, pero cuando estaba a punto de levantar la bocina para hacerlo, timbró el teléfono.

"¿Sí?"

"Randy, qué bueno que estás en casa. La voz de su jefe sonaba agitada. Tenemos una alarma de cuarto grado. Una bodega de la calle Kent...necesitamos a todos los hombres que podamos reunir. ¿Puedes ayudarnos?"

"Claro."

"El camión está saliendo en este momento. Encuéntrate con nosotros en la manzana 900; llevaremos tu equipo. Será difícil. El humo está muy denso y toda la manzana corre peligro."

"Me pondré en camino."

"Apúrate," dijo su jefe colgando.

Randy corrió hacia la puerta de la cocina, bajó los escalones y llegó hasta el garaje, se lanzó dentro del auto y cerró la puerta de un golpe. Buscó el interruptor y metió la llave. Estaba a punto de encender el motor, cuando escuchó una voz.

"¡Detente!"

Él miró hacia el lado. No había nadie, entonces estiró el cuello para mirar hacia atrás, pero tampoco vio nada allí. Empezó a girar la llave cuando volvió a escuchar la voz, que sonaba clara, nítida y fuerte.

"¡Detente!"

Miró alrededor. Nadie, no había nadie. "Baja del auto," dijo de nuevo la misma voz. No parecía la voz de Wiley, y ciertamente no era la de Ruby.

"¿Dónde estás?" preguntó Randy y luego repitió más alto. "¿Dónde estás? ¿Qué quieres?"

"Dije que bajaras del auto," pronunció la voz. "Sal ahora mismo del auto y mira detrás de él."

Randy negó con la cabeza. "No sé dónde estás ni quién eres, pero tengo que irme. Tenemos una emergencia, soy bombero."

La voz sonó más fuerte, con mucha urgencia. "¡Baja del auto, y mira atrás de él! ¡Ahora!"

"¡Está bien!" gritó Randy. Abrió la puerta de un golpe y caminó hasta la parte trasera del auto. Se detuvo, perplejo. La pequeña Marie Puckett estaba sentada en el suelo, recostada contra el parachoques trasero, y jugaba feliz con una pala mientras cavaba tierra y la vertía en un pequeño balde. "¡Hola, tío

Randy!" exclamó Marie. "Freckless salió corriendo, pero regresará."

Randy miró hacia la cerca y vio una tabla de la cerca torcida. Freckles había salido corriendo y Marie lo había seguido.

Randy no se había dado cuenta de que ella estaba jugando detrás de su auto. Había estado a punto de encender el auto y salir en reversa hasta que…había sentido aquella voz…Él había escuchado una voz que le hablaba con una claridad como nunca antes había oído, una voz que había percibido con sus propios oídos, una voz a la que le había respondido con sus propios labios. ¡Pero no había nadie allí! Entonces recordó su visita a Rebecca en el hospital.

El ángel de Rebecca se llamaba Credence, y ella le había dicho que él también tenía un ángel. Y luego recordó la promesa que él le había hecho: "Si alguna vez me habla, lo escucharé."

Se agachó y tomó a Marie en sus brazos. "Los dos tenemos un ángel de la guarda," le dijo él.

"¿Qué es un ángel de la guarda?" le preguntó ella.

Él tendría que pensar un poco más acerca de ello.

8

El Ángel de Delores

No os olvidéis de la hospitalidad; sin saberlo, algunos hospedaron a los ángeles gracias a ella

—HEBREOS 13:2

Delores estaba exhausta, había llorado hasta el cansancio y ya no le quedaba nada más que tratar de aceptar y una intensa sensación de amargura. El hecho de que su esposo estuviera muriendo, eso sí le dolía. Había acumulado muchas otras penas a lo largo de los últimos años, pero el peso de todas ellas era mucho menor que la pena de saber cuál era la causa de su muerte.

Al mirarlo ahora, le resultaba difícil recordar cómo era antes. Estaba conectado a tubos en ambas manos, respiraba con dificultad, y su rostro, escuálido, estaba cubierto de lesiones en la piel y parecía un esqueleto de una clase de anatomía. Recordó el momento, muchos meses atrás, cuando supo con certeza que era VIH positivo.

Su médico había tratado de explicárselo: "En ausencia de otra posible fuente de infección, tenemos que suponer que se trata de un caso de transmisión sexual. Cómo quisiera que él hubiera venido a verme antes."

El Dr. Jerome Kinder era un amigo cercano, la persona que la había atendido desde la época en que estaba casada con su primer esposo. Delores y el Dr. Kinder estaban a solas en su consultorio, y hablaban sobre el hombre con el que ella se había casado después de la muerte de su primer esposo.

"Lo siento mucho, Delores."

Ella pensó en cómo había sido su relación con Cliff durante los últimos meses. Luego le vino a la memoria el rostro de Jeff, su primer esposo, y recordó la manera como le había sonreído en aquel primer aniversario cuando le regaló un ramo de azucenas y fresias de varios colores. De repente, las palabras del Dr. Kinder la llenaron de recuerdos.

"¿Te acuerdas lo que te dije hace algunos meses, cuando viniste porque querías hacerte la prueba de VIH? ¿Que podías estar tranquila si sólo tenías relaciones con tu esposo?"

"Lo recuerdo."

"Pero era exactamente eso lo que te preocupaba."

Ella asintió. "Justo la noche anterior me había enterado de que él podía tenerlo."

"¿Y has vuelto a tener relaciones con él desde entonces?"

"No las teníamos desde hacía mucho."

Él la miró, pensativo. "El hecho de que tus resultados hayan sido negativos evidentemente es una buena noticia, pero el virus es astuto. Tendremos que hacerte exámenes periódicamente y seguir tu caso de cerca."

Ella estaba sentada, inmóvil. Le costaba trabajo hablar. "¿Si Jeff hubiera venido antes las cosas hubieran podido ser distintas?"

"No si ya había contraído el virus, y eso pudo ser años atrás. Él pudo haber tenido todos los síntomas pasajeros, pero muchas veces las víctimas creen que sólo tienen gripa o una simple tos. Síntomas como malestar general, diarrea, fiebre, inflamación de los ganglios, salpullido y dolor de garganta pueden manifestarse de tres a seis meses después de la infección. Luego pueden pasar tres años o más antes de que la persona sufra alguna infección seria, asociada directamente con el sida." El Dr. Kinder jugueteaba nervioso con un abrecartas sobre la mesa. "Me temo que tu esposo contrajo una de las infecciones que actúa más rápidamente. El virus hizo que sus pulmones fueran vulnerables a la bacteria *Pneumocystis carinii* y a la *Cryptococcus neoformans.* Cuando los pulmones son atacados, no hay ningún tratamiento que pueda ofrecer muchas esperanzas de aplazar lo inevitable."

Ahora, Delores se encontraba de nuevo en el cuarto de hospital, enfrentando la realidad, observando a un hombre que respiraba con dificultad y que le parecía desconocido. Pero la realidad no lograba impedir que su mente viajara una vez más al pasado, y entonces recordó la primera vez que había visto la casa en la que vivía ahora, en Pleasant Green, un área al oriente de la ciudad, rodeada de colinas escarpadas, campos extensos e inmensas casas de entradas circulares. Recordó el día que se había estacionado en la entrada, frente a la casa de estilo tudor de dos pisos que la inmobiliaria de su padre estaba vendiendo.

Ella trabajaba para él, y había conducido hasta allí para familiarizarse con la casa antes de tratar de venderla. Pero su intuición le decía que no vendería aquella casa, sino que la compraría. Sabía que a Jeff le encantaría. Los dos habían pensando en mudarse y habían visto una casa justo un fin de semana antes de que muriera mientras conducía a casa desde Albens, Georgia. Un camión con remolque se había deslizado por la autopista mojada en una curva cerrada y había chocado de frente contra el auto de Jeff, que venía en la dirección opuesta.

Cuatro meses después, Delores aún lloraba su muerte. Pero al revisar la casa, los recuerdos de Jeff le llegaron como una advertencia que hacía latir su corazón cada vez más rápido hasta convertirse en un fuerte impulso que la obligaba a quedarse con la casa. Había amado a Jeff Tolliver hasta la locura y ésta era la casa con la que los dos habían soñado, así que sintió que vivir allí la acercaría a él. Era costosa, pero con el dinero del seguro de vida de Jeff podía pagar la cuota inicial, y si manejaba bien su dinero—con los dividendos de las acciones y los ingresos de la firma—no tendría problemas para pagar el resto. Además, en caso de emergencia, sabía que su padre la ayudaría.

Inmediatamente después de graduarse de la Universidad de Belmont en Nashville, había empezado a trabajar para su papá. Sentía que la venta de bienes raíces era un campo laboral en el que podía expresar naturalmente su personalidad extrovertida, amable y auténtica. A los clientes les gustaba su trato discreto, y la publicidad hecha por sus amigos le había permitido obtener una gran cantidad de clientes en tan sólo dos años.

Su padre estaba muy orgulloso de Delores, su única hija, quien un día estaría a cargo de Knights and Associates Real Estate, Inc. Y deseaba que pudiera encontrar al hombre adecuado, aquél que llenara su vida con un amor y una compañía similares a los que él había encontrado en su esposa Joyce.

El problema era que ella dedicaba todo su tiempo y sus energías al trabajo, así que no solía tener muchas citas, y no había encontrado a un hombre que le interesara como marido. Hasta que, un día en la fiesta de compromiso de un amigo de la secundaria, le presentaron a Jeff Tolliver.

Al verlo, Delores calculó que debía medir unos seis pies y que debía pesar cerca de 180 libras. Era apuesto, tenía buena presencia y buenos modales. Pero lo que realmente la cautivó fueron sus ojos; eran de un azul que ella no había visto antes, un azul claro pero intenso; sus iris parecían dos fuentes, de manera que al mirarlos daba la sensación de entrar en un túnel. Se habían lanzado miradas el uno al otro hasta que, sin darse cuenta, él le había dicho algo acerca de una canción, la había tomado de la mano y la había llevado hasta la pista de baile.

Bailar con él era como caminar por las nubes, rodeada de volutas que entraban en su mente, de manera que le costaba escuchar lo que él le decía. Esa noche ella se enteró de que él tenía treinta años y era representante de varios fabricantes en tres estados diferentes. Vendía cuero a las industrias de calzado, al mismo tiempo era proveedor de textiles para los fabricantes de ropa, y las cadenas de almacenes por departamentos le compraban todo tipo de artículos.

Viajaba mucho, pero eso no era un impedimento para que la llamara todas las noches, hasta que ella se volvió adicta a su voz. Si dejaba de llamarla una noche, ella lo extrañaba terriblemente. Cuando él estaba en la ciudad, ella programaba su horario de trabajo de manera que pudieran compartir prácticamente cada minuto que no estaban durmiendo. Y en una ocasión también pasaron la noche juntos.

A la mañana siguiente, ella preparó el desayuno antes de salir para el trabajo y esa noche, al llegar a casa, notó que había una camioneta extraña estacionada al lado del Volvo de Jeff. Cuando entró, él la saludó con un beso rápido, y luego la llevó al cuarto de estar. Fue entonces que Delores vio una pequeña mesa circular, dispuesta frente a la chimenea, atendida por un mesero de Jeffrey's, uno de los mejores restaurantes de la ciudad. La mesa estaba dispuesta frente a la chimenea, de manera que las llamas formaban sombras sobre el mantel blanco, coronado con una vajilla y una cristalería finas. A cada lado de la mesa, una silla. Finalmente, había una vela encendida en el centro y otras cuantas dispuestas en puntos estratégicos alrededor de la sala. Ella estaba tan sorprendida que no podía hablar. Jeff salió de la sala por un momento y luego llegó con un ramo en sus manos.

Nunca había visto un ramo como ése. Una combinación de flores: azucenas blancas rodeadas por fresias de varios colores, lavanda, rosadas y amarillas. Era un ramo enorme, increíblemente hermoso. Delores tomó las flores y las apretó contra su pecho, sus ojos brillaron y luego se humedecieron; podía sentir su fragancia. Nunca había olido una fragancia más maravillosa que esa. El aroma de las azucenas se mezclaba con el de las fresias, creando una impresión aun más hermosa que la que causaba su impacto visual.

Durante la comida, Jeff habló muy poco. Después el mesero salió de la casa discretamente, sin ser percibido, y sólo entonces Jeff levantó su copa.

"Por nosotros," dijo. Hicieron un brindis y Delores tuvo la certeza de que nunca había probado un vino mejor que ése. "Cabernet Sauvignon del 83, de Robert Mondavi," dijo él saboreando el último sorbo de su copa. Luego la dejó sobre la mesa y miró a Delores fijamente.

"Te amo," le dijo. "Casémonos."

Ella no tenía que pensarlo, aceptó inmediatamente.

Pero todo había durado tan sólo dos años, así que a los veintisiete estaba sola de nuevo; una vez más, y se volcó totalmente en el trabajo y durante los tres años siguientes estuvo entre los cinco mejores vendedores de inmobiliarios de la ciudad. Al cumplir treinta años, ya ocupaba el segundo lugar y estaba preparada para llegar a la cima cuando empezó a salir con Cliff Meador, un abogado que trabajaba en Bloom, Meador, Littlefield y Asociados. Cliff tenía cuarenta y dos, y era especialista en derecho corporativo. Llevaba cinco años divorciado y su foto aparecía con frecuencia en las páginas sociales pues solía asistir a eventos de caridad y actos cívicos, acompañado siempre por una mujer diferente.

Delores lo había conocido por casualidad, y no le interesaba tener una relación con él pues su fama de mujeriego la hacían mantenerse alerta. Sin embargo, una noche, durante una subasta de caridad de los Amigos del Teatro Infantil, ella estaba sentada junto a su mejor amiga, Crystal Patton y él se le acercó. Estaba solo, y le preguntó si podía acompañarla. Ella fue cortés, pero se mostró poco entusiasmada. Al mirar atrás, ella percibía que su actitud había sido desafiante, pues durante las siguientes semanas, su interés por ella había alcanzado grandes proporciones.

Al principio se negó a salir con él, pero Cliff logró convencerla con sus insistentes llamadas y sus ramos de flores. La primera cita resultó ser toda una sorpresa. Fueron a ver *You're a Good Man, Charlie Brown*. Ella ya había visto la obra dos veces, y había disfrutado mucho con los personajes de los Peanuts, en especial con la forma como parodiaban las flaquezas de la vida, y nunca pensó que a Cliff también le gustara; pero para su sorpresa, él se rio y dejó a un lado su habitual fachada de ejecutivo sofisticado; parecía más humano. De ahí en adelante, ella pudo ver que él era mucho más que un hombre apuesto y mujeriego.

Además, su persecución no daba tregua. Y aunque en realidad siempre sintió una voz interior, que le advertía que debía apartarse de él, debido a su soledad acabó cediendo ante la insistencia y la atención ferviente de Cliff. Salieron muchas veces, y poco después le pareció increíble que alguna vez hubiera podido llegar a poner en duda la clase de hombre que era. Si sus padres tenían algún reparo contra Cliff, lo mantuvieron en silencio y confiaron en la intuición de su hija, recordando la profunda felicidad de su primer matrimonio. Por su parte, Crystal y todas sus otras amigas también querían que ella volviera a encontrar esa felicidad que había tenido al lado de Jeff. Así que cuando Cliff le propuso matrimonio, sólo le puso una condición: "Quiero que vivamos en mi casa."

Él estaba sorprendido, pues había pensado construir una casa en Stuart Hills, un nuevo sector de la ciudad. Pero ante la condición de Delores, rápidamente escondió su reacción, sonrió y le dijo: "Como tú quieras."

Para celebrar su luna de miel viajaron a las islas Bermudas. Durante todo el viaje él fue muy atento, y Delores se dio cuenta de que ciertamente sabía hacer el amor. Pero, a pesar de todo, estaba un poco decepcionada y se decía a sí misma, en silencio: "¿Qué esperabas? Sabías perfectamente que Cliff no era como Jeff." El recuerdo persistente de su primera luna de miel y de la manera como se sentía cuando estaba en los brazos de Jeff tendían un manto que opacaba cualquier experiencia positiva de su nueva relación.

¿Habría cometido un error?

Acalló a su voz interior, no quería escucharla. Ella se había comprometido con su nuevo esposo, y sería fiel a su promesa. No tenía porqué seguir viviendo sola. Además, era muy probable que él también tuviera dudas frente a su relación; así como ella estaba recordando su antiguo matrimonio, él debía estarla comparando con su ex esposa.

Pero de algo tenía certeza. Ella no dejaría que Cliff se arrepintiera de haberse casado con ella. No esperaba que olvidara a su primera esposa, ella tampoco olvidaría a Jeff. Pero sus vidas estaban en el presente. Delores se repetía que ya compartirían muchos momentos que luego recordarían y enriquecerían su vida juntos, pero se equivocaba.

Tras la luna de miel, la actitud de Cliff cambió, no de forma radical, sino en los pequeños detalles de la convivencia diaria. Delores sentía un tono cada vez más seco en la forma como se refería a ella, en la manera como decidía a qué eventos asistían o a qué lugares iban. Nunca le había parecido un hombre machista, pero era evidente que estaba acostumbrado a dominar en sus relaciones sociales y laborales. Y ahora parecía que tanto el matrimonio, como su esposa y las decisiones eran propiedades suyas.

Durante su noviazgo, él se había comportado de una manera muy diferente, y siempre tomaban las decisiones entre los dos. Ella esperaba que las cosas continuaran así después del matrimonio, tal como había sido con Jeff: una combinación de honestidad y espontaneidad. Se preguntaba por qué las personas cambiaban tras la ceremonia de bodas. Por supuesto que un matrimonio implicaba cambios en la rutina diaria, pero nunca cambios que pasaran por alto o afectaran necesidades psicológicas básicas.

Parecía que Cliff sólo se interesaba por el trabajo, y esto hacía que Delores sintiera que la estaba haciendo a un lado. Cada vez más, Cliff se refería a las funciones y las actividades sociales como obligaciones y no como oportunidades para divertirse y pasar un tiempo juntos.

Pero Delores no aspiraba a representar el papel de "la Señora de Cliff Meador." Ella era Delores Knight. Después de haber recuperado su nombre de soltera tras la muerte de Jeff, defendía ese acto como algo más que un simple símbolo—era una profunda verdad, que reflejaba su personalidad. Era mejor que Cliff se acostumbrara a ello y que en vez de tratarla como si fuera un aspecto secundario en su vida, aprendiera a valorarla.

Ella se dedicó al trabajo y alcanzó su meta de convertirse en la vendedora de inmobiliaria más exitosa de la ciudad y ser homenajeada en la cena anual del Club Realtors como vendedora del año. Su padre y su madre también recibieron su cuota de felicitaciones, mientras su esposo estaba sentado a su lado y sacaba partido del reflejo de sus logros.

Los vendedores de la misma edad de Delores no sólo estaban impresionados por su habilidad para los negocios sino también por el matrimonio, completamente apropiado, que había construido. Cliff Meador era muy respetado como uno de los socios mayoritarios de un importante bufete de abogados, así que al éxito del que cada uno gozaba en su carrera, se sumaba el hecho de que se veían bien juntos. Eran una pareja apuesta, un modelo a seguir en esta época de relaciones matrimoniales en constante discordia. Las mujeres comentaban en voz baja lo afortunada que era Delores; los hombres decían que Cliff era un sujeto con suerte.

Una noche en la que Cliff tenía una cena con un cliente, práctica que se había vuelto cada vez más frecuente, Delores cenó con sus padres. Todos permanecieron extrañamente callados durante la comida.

"Del," le dijo su padre después de que ella se recostó cómodamente contra el sofá con su taza de café, "tu madre y yo queremos hablarte de algo. Pero déjame preguntarte primero: ¿Estás bien?"

"¿A qué te refieres?"

"¿Tienes algún problema?"

"Pareces triste, querida," agregó su madre.

Delores apartó la mirada. "Todo está bien."

"¿Cómo está tu relación con Cliff?" le preguntó su padre.

"¿Por qué lo preguntas?"

"Escucha, tu madre y yo te conocemos bastante bien. Cuando eras pequeña, sabíamos cuando estabas triste. ¿Recuerdas la vez que te dio sarampión y tuviste que faltar a la fiesta de cumpleaños de Ruth Baker?"

Ella asintió. "Yo tenía diez años."

"No lloraste," dijo él. "No te enojaste. Simplemente no hablabas, parecías una tumba. Tu madre y yo no lográbamos hacer que dijeras nada."

"Lo recuerdo."

"Siempre has sido así, te guardas las cosas, pero siempre nos damos cuenta cuando algo te pone triste. Tú tienes una personalidad maravillosamente extrovertida, te encanta conocer gente y trabajar en equipo. Es por esa razón que eres tan buena como vendedora de inmobiliaria. Pero cuando te pasa algo desagradable en tu vida personal, te vuelves extremamente reservada."

"Por eso nos alegró tanto que te casaras con Jeff," continuó su madre. "Él te hizo compartir y expresar tus sentimientos, era un buen compañero para ti."

Delores permaneció callada. Su padre se quedó mirándola un largo rato.

"¿Cliff también es un hombre apropiado para ti?" le preguntó él en voz baja.

Delores seguía sin decir nada. Finalmente habló suavemente. "Cada uno ha tenido que hacer algunas concesiones. Cliff no es como Jeff, pero yo tampoco soy la misma mujer ahora que cuando estaba casada con Jeff."

Su padre asintió. "Eso es lo que nos preocupa a tu madre y a mí. Deberías seguir siendo la misma."

"¿Cuál es el problema, Delores?" le preguntó su madre.

"Tal vez no debí volverme a casar."

Sus padre la miraron fijamente; en sus rostros se reflejaba la preocupación que sentían por su única hija.

"No se trata de nada en particular," continuó Delores. "Y a veces pienso que no estoy siendo justa con Cliff. No debería compararlo con Jeff, no debería comparar nuestro matrimonio con la relación que tenía con Jeff. Éramos jóvenes y Jeff murió cuando el mundo para mí estaba lleno de romance. Tanto Cliff como yo tenemos una carrera que nos exige mucho tiempo, es parte del precio que tenemos que pagar por ser exitosos."

"Déjame preguntarte algo," continuó su padre. "¿Crees que si Jeff aún estuviera vivo hubieras llegado a ser una mujer tan exitosa como lo eres hoy en día?"

Ella le sonrió. "Papá, tal vez no habría vendido tantas propiedades, pero me habría sentido más exitosa."

Su padre asintió. "Lo entiendo, ¿sabes?" prosiguió

él mientras tomaba la mano de su esposa. Tu madre y yo siempre hemos querido que tengas una carrera exitosa, y también queríamos que tuvieras un matrimonio maravilloso, así como el nuestro. Queríamos que lo tuvieras todo. Aún lo queremos."

"Gracias, papá."

"No hay mucho que podamos hacer para ayudarte en tu matrimonio, pero en cuanto a tu carrera... bueno, de eso queríamos hablarte."

Ella esperó, mientras observaba cómo acariciaba su padre la mano de su esposa. Los dos se miraron con una sonrisa y luego se voltearon hacia su hija. "Estoy pensando en retirarme," dijo él.

"Debes estar bromeando."

"Es algo que tu madre y yo hemos estado pensando desde hace bastante tiempo."

Delores negó con la cabeza. "Papá, estás muy joven para retirarte."

"Yo podría seguir trabajando," dijo él, "pero tenemos más dinero del que necesitamos. Queremos viajar y disfrutar la vida mientras aún tenemos buena salud."

"Es sólo que nunca pensé que estuvieras lo suficientemente viejo para retirarte."

"La compañía marcha muy bien, y tenemos a alguien que puede dirigirla."

Delores permanecía en silencio.

Su padre sonrió. "Tenemos una hija que está lista para tomar las riendas de la firma."

"¿Yo?" Delores casi no podía pronunciar palabra.

"Creo que no tenemos más hijas. De todas formas la firma algún día será tuya. Así que diviértete un poco ahora dirigiéndola."

La cabeza le daba vueltas. Pensaba en los nueve agentes, el personal de apoyo, la oficina del director en el último piso del edificio Baycroft. Se veía entrando a aquella gran sala, con la silla de cuero gris detrás del escritorio, mirando por la ventana que iba del techo al piso y desde la que podían verse los rascacielos del centro de la ciudad.

"No lo sé, papá..."

"Escucha, conoces cada detalle del negocio, has trabajado duro, dedicado largas horas a la oficina y te has convertido no sólo en nuestra mejor vendedora sino en la mejor de toda la ciudad. Nadie te está regalando nada. Te lo has ganado." Sonrió y miró a su esposa. "Y Joyce y yo hemos logrado pasar más tiempo juntos gracias a ti."

Entonces Delores se dio cuenta de que ella también estaba sonriendo. Su madre se inclinó hacia delante y le dijo con voz suave.

"¿Qué crees que piense Cliff?"

Delores no sabía qué responder, y en realidad tampoco le importaba.

A la mañana siguiente, de camino al trabajo, recibió una llamada de Crystal, que trabajaba como encargada del departamento de compras de una tienda de diseño en el Crowell-Ryder Department Store.

"Me alegra haber logrado comunicarme contigo antes de que estés llena de compromisos con tus clientes," le dijo Crystal.

"Voy hacia la oficina."

"¿Podemos almorzar juntas?"

La tarde anterior, el Sr. Jacobs había llamado para cancelar el compromiso que tenían al mediodía para ver una de sus propiedades en Woolbright, a siete millas de la ciudad.

"Sí, hoy tengo tiempo," le respondió Delores.

"¿Qué te parece si nos encontramos en el Tea Room, en el mismo lugar de siempre? ¿A las doce y media?"

"Perfecto," contestó Delores. "¿Algo anda mal?"

Hubo un silencio. "Hablamos más tarde. Adiós."

Delores frunció el ceño mientras colgaba el teléfono. Conocía lo suficiente a Crystal como para saber que estaba preocupada por algo. Esa era una de las características de su amiga, siempre la dejaba a la expectativa.

El Tea Room estaba lleno, principalmente de mujeres. Algunas eran profesionales vestidas informalmente que disimulaban un poco su feminidad para mostrar que podían sobrevivir en un mundo de hombres. Otras eran señoras mayores, estaban vestidas con trajes costosos, hablaban rápido y en voz baja, como si pensaran que todo el mundo las estaba escuchando. Dos modelos recorrían el salón, pasaban por cada mesa tratando de captar la atención de los clientes y anunciaban los materiales, precios y departamentos donde se podían comprar los artículos.

Crystal encontró a Delores en la entrada y la condujo a una mesa que había reservado. Una mujer joven, de blusa blanca y falda negra les tomó la orden.

"Gracias por venir," le dijo Crystal. Esperó hasta que una modelo que se había acercado a su mesa se alejara. Cuando se fue, Crystal se quedó callada, como si se hubiera arrepentido de hablar. Delores esperó a que su amiga iniciara la conversación.

"¿Recuerdas a Carol Manning?" le preguntó. "Estaba en nuestra clase de aeróbicos hace dos años."

Delores asintió.

"Aún mantengo el contacto con ella," prosiguió Crystal. "Nos cruzamos anoche en el lobby del Ultraplex 10. Ed quería ver la película de Clint Eastwood. Como sea, Carol me preguntó si podía llamarme después, y hablamos casi media hora."

"¿Cómo está?"

"Está muy bien. Pero el asunto es que…trabaja en Creekwater's."

Delores había oído hablar de aquel lugar, era un famoso bar gay.

"¿Por qué trabaja en un lugar como ése?"

"Carol no es gay," le explicó Crystal. "El dueño tampoco. Pero el novio de Carol conoce al dueño y le consiguió el trabajo, y Carol dice que gana mucho mejor que en cualquier otro lugar."

Delores estaba curiosa por saber a dónde quería llegar Crystal con esta conversación.

"No estoy segura que deba contártelo," le confesó Crystal.

"¿Qué quieres decir?"

"Delores, tú eres mi mejor amiga. Quería llamarte y luego pensé que sería mejor que nos viéramos personalmente, pero ahora ya no lo sé."

Delores estaba exasperada. "¿Me hiciste venir hasta aquí y ahora no quieres decirme para qué?"

Crystal no dijo nada, pero luego le preguntó: "¿Cómo marcha tu relación con Cliff?"

"Bien."

Crystal volvió a quedarse callada y entonces Delores no aguantó más. "Por favor, Crystal, no te quedes callada ¿qué era lo que estabas a punto de decirme?"

"Carol vio a Cliff en Creekwater's."

La primera reacción de Delores fue decirle que Cliff solía salir con clientes para comer y tomar unas copas. Era una práctica habitual entre los abogados. ¿Pero en Creekwater's? La cabeza le daba vueltas. Cliff nunca había mencionado haber estado en Creekwater's. ¿Por qué querría ir allí con alguno de sus clientes?

"Cliff estaba con otros tres hombres," le dijo Crystal.

"La mayoría de los clientes de Cliff son hombres."

"Delores," le susurró Crystal inclinándose hacia ella. "Carol vio a Cliff bailando."

Delores no sabía cómo reaccionar. "¿Cliff estaba bailando con otro hombre?"

Crystal asintió. "Carol dice que bailó con los tres hombres."

Delores trató de llevarse el vaso de agua a los labios. No pudo hacerlo, y al bajar el brazo se dio cuenta de que su mano estaba temblando. "En realidad, en realidad tengo que irme." Entonces se levantó y salió caminando apurada.

Crystal la llamó, pero después se recostó en su silla, y desde allí siguió con la mirada la figura esbelta de su amiga, que llevaba un vestido azul marino fuerte y salía por la puerta del salón.

Delores llamó a la oficina y canceló todas las citas que tenía esa tarde. Fue a su casa y la recorrió, recordando su vida con Cliff. ¿Alguna vez habría dicho o hecho algo que lo hubiera puesto en evidencia? ¿Qué sería lo que ella había pasado por alto? Y luego se dijo: "No saques conclusiones apresuradas. Aún no sabes nada, son sólo rumores." Su esposo solía burlarse de los rumores, eran inadmisibles en la corte, sólo servían las pruebas. "Espera hasta escuchar su explicación," se repetía. ¿Era gay?

Ella no tenía nada en contra de los homosexuales. Creía que tenían derecho a elegir su orientación sexual, pero nunca pensó que estuviera casada con uno.

¡Él no era gay! Ya había estado casado antes, le gustaban las mujeres, cuando era soltero había salido con muchas chicas, y ella había hecho el amor con él. Si tuviera que testificar en la corte, diría que a Cliff le gustaba hacer el amor con una mujer.

¿Pero realmente era así? Habían dejado de tener relaciones desde hacía mucho, y en ese momento bien podrían dormir en camas separadas, a ella tampoco le hubiera molestado. Pero y si le gustaban las mujeres y los hombres... ¿Sería bisexual?

Se sentó en la sala junto a la ventana. La luz del sol caía sobre las cortinas, podía sentirla sobre su cabeza y sus hombros. Observaba las sombras que se movían sobre el tapete; poco a poco se hicieron más tenues, hasta que, al caer el sol, los muebles parecieron fantasmas mudos que lloraban la muerte del día. Finalmente, oyó un auto que se aproximaba y luego un portazo. La puerta se abrió y Cliff encendió la luz.

"¿Delores?" preguntó entrecerrando los ojos, tratando de verla mejor.

"Tenemos que hablar."

Él se acercó a ella. "¿Qué sucede?"

"Siéntate," le dijo ella y él se sentó cerca de ella.

"¿Por qué te casaste conmigo?" le preguntó.

"¿De qué hablas?"

"¿Eres gay?"

Él la miró fijamente, inmóvil, y entonces ella tuvo certeza de que lo era.

"Sin mentiras, sin excusas. Quiero la verdad, toda la verdad."

"No sé de qué hablas."

"¡Te vieron!" exclamó ella. "¡Ahora, dímelo!"

Él se puso de pie y empezó a caminar alrededor de la sala, miró una foto, un asiento, un florero, con la expresión ausente, como si escuchara voces y cada una tratara de sonar más fuerte para imponerse sobre las demás. Finalmente se dio vuelta hacia ella.

"¿En Creekswater's?"

"Sí."

"Sabía que no debíamos haber ido allí. Habíamos bebido, y pensé que había pocas probabilidades de que tú o cualquier otra persona conocida se enterara de algo si íbamos allí."

Volvió a sentarse, y las palabras empezaron a salir a raudales. Había tenido su primera experiencia homosexual en la universidad, pero también le gustaban las mujeres. Y tenía ambiciones, lo que implicaba tener una esposa, un hogar y, de ser posible, también hijos, para completar la imagen del ejecutivo ideal mientras ascendía en su profesión. Su primer matrimonio no había funcionado porque, incluso en aquella época, había sido incapaz de mantener viva la pasión por su esposa. Ella tenía fuertes necesidades sexuales, y decidió seguir su camino. Pero él aún aspiraba a tener una esposa y un hogar, y se había enamorado de ella.

Sí, la amaba sinceramente. Pero ella no podía satisfacerlo por completo, ninguna mujer podía hacerlo. Cada cierto tiempo una urgencia interior lo llevaba a buscar a algún hombre.

"¿A cuántos?" preguntó ella.

"¿A qué te refieres?"

"¿Con cuántos hombres has estado?"

Él vaciló. "Con unos cuantos."

"¿Qué quiere decir eso? ¿Unos cuantos durante nuestro matrimonio, unos cuantos en los dos matrimonios, o sólo unos cuantos en total, desde la universidad?"

"Esto es absurdo."

"¡Dímelo!" le gritó ella.

Él se quedó callado.

"Desde que estamos casados ¿te has acostado con varios hombres?"

"Tienes que entenderlo, Delores," dijo él. "Yo... yo tengo mis propias necesidades."

Ella se levantó de un salto. "¡Ya fue suficiente, te quiero fuera de aquí!"

"No, Delores." La tomó por el brazo.

"¡Ahora mismo!" le gritó, apartándolo.

"Me iré. Pero no armes un escándalo, te afectaría tanto a ti como a mí."

Y entonces ella pensó en sus padres, en su negocio, en el nuevo empleo que le esperaba, y pensó en Jeff. *¿Jeff, por qué tuviste que morir?*

Luego, en un tono un poco más calmado, llegaron a un acuerdo. Seguirían viviendo juntos en la misma casa, pero en cuartos separados, harían todos los trámites del divorcio, pero llevarían el proceso de manera amistosa y civilizada. Luego Delores pensó en otra cosa.

"¿Y qué hay con el sida?" le preguntó.

"No hay ningún riesgo de que lo haya contraído."

"Claro que sí."

"Siempre me he protegido," le dijo.

"Genial. ¿Sabes cuántas personas son VIH positivas? Según un artículo del periódico, más de dos millones."

"Pero no tienes nada de que preocuparte."

"Sí tengo de que preocuparme," dijo ella. "Iré a visitar al Dr. Kinder mañana para hacerme la prueba."

"¿Qué le dirás?"

"Le diré que quiero hacerme la prueba."

"Te preguntará por qué lo estás haciendo."

"No te preocupes. No le diré que mi esposo se ha estado acostando por ahí con hombres homosexuales."

"No me he acostado con cualquiera."

"Si tú fueras un poco más inteligente, también te harías la prueba de inmediato."

Pero Cliff sólo lo hizo después de tener una tos intensa y empezar a bajar de peso rápidamente. Para ese entonces, el proceso del divorcio ya estaba bastante adelantado, pero al ser diagnosticado con sida ella suspendió todos los trámites. Ahora que estaba en su cuarto de hospital, se alegraba de seguir siendo su esposa, pues había podido consolarlo en su dolor y probablemente le había dado un poco más de valor para enfrentar lo que vendría.

Sería viuda de nuevo. Dentro de poco guardaría el recuerdo de dos esposos. ¿Se encontraría Jeff con Cliff? ¿Podría darle la bienvenida a otro mundo en el que Cliff pudiera volver a respirar sin dificultades y tuviera la fuerza suficiente para ponerse de pie, sentarse y hablar? ¿Hablarían sobre ella? ¿Qué dirían de esa mujer, aún joven, que seguía en la tierra? ¿Querrían que ella encontrara a alguien más, se enamorara y volviera a casarse?

"Oh Jeff, Jeff—tú fuiste mi verdadero amor. Siempre te llevaré en mi corazón; siempre te recordaré como aquél que me sostuvo cuando floreció mi primer amor, aquél que pintó el futuro como un arco iris y me dio un ramo que olía más suave que el soplo de los ángeles."

Se sentó y dejó caer la cabeza hacia atrás, descansando sobre una almohada con los ojos cerrados, cuando, de repente, escuchó una voz.

"¿Delores?"

Abrió los ojos, estaba un poco aturdida. Alguien la había llamado. Luego volvió a escuchar la voz.

"Aquí estoy, Delores."

Se dio vuelta, buscando aquella voz. Alguien estaba de pie, con un brazo atrás.

"¿Jeff?" susurró ella, sin creer lo que veía. No podía ser Jeff, Jeff estaba muerto.

"Soy yo," le respondió él. Ella trató de levantarse, pero le fallaron las rodillas y por poco se cae. Él se acercó a ella y con la mano que tenía libre la abrazó para sostenerla.

"¿Cómo puede...?" Ella tocó su brazo y lo frotó contra su mejilla. Luego se apartó. "No, estoy soñando."

"¿Crees que esto es un sueño?" le preguntó él, y de atrás de la espalda le extendió un ramo de azucenas y fresias—lavanda, rosadas y amarillas. Su ramo, ¡su ramo especial! Delores sumergió su rostro en las flores. El aroma, el aroma hermoso y dulce, ningún otro ramo olía mejor que ése. Era una fragancia única, así como había sido su amor. ¡Era Jeff! ¡Jeff había regresado a ella! Ella lo abrazó, y las flores se arrugaron entre ellos. Ella sintió sus manos, que le acariciaban el cabello y escuchó la misma voz con la que él le susurraba cuando dormían abrazados.

"Todo va a estar bien, Delores. Tú estarás bien, Cliff estará bien."

En ese momento empezó a llorar y estrechó a Jeff entre sus brazos. Finalmente su llanto cesó, y ella se sintió contenta simplemente de estar junto a él, pero luego se asustó cuando notó que él se alejaba.

"¿A dónde vas?"

"Tengo que regresar."

"¡No puedes hacerlo!" dijo ella. "No puedes dejarme otra vez. ¡No puedes volverte a ir!"

Él le sonrió. "Nunca te abandonaré. Siempre me llevarás en tu corazón," y empezó a distanciarse. "No, Jeff, regresa, por favor."

Jeff abrió la puerta, sin dejar de observarla con sus ojos azules más penetrantes que nunca. Sostuvo el ramo en lo alto, se despidió con la mano, y con una última sonrisa, cerró la puerta tras de sí.

Delores quería volver a llorar, pero sus lágrimas ya se habían secado. Ése no había sido Jeff. Jeff estaba muerto. Pero ella había visto a alguien. ¿Un ángel? ¿Era posible que un ángel se pareciera a Jeff? ¿Quién sabía como lucía un ángel? Probablemente un ángel podía parecerse a cualquier persona.

Volvió a sentarse, se dejó caer sobre el cojín del asiento y acomodó la almohada detrás de su cabeza. Cerró los ojos, pero no pudo descansar mucho tiempo, pues una mano la sacudía por el hombro. Entonces levantó la mirada y vio a una enfermera.

"Lo lamento mucho, su marido ha fallecido."

Ella miró hacia la cama. Otra enfermera retiraba con un médico todos los cables y las agujas. Primero sintió alivio y luego una fuerte decepción. Había sido un sueño, sólo un sueño. Ella no veía a Jeff, no veía a ningún ángel. Había estado dormida y simplemente había soñado.

"Hay algo muy extraño," le dijo la enfermera.

"¿Qué?"

"Usted sabe que no teníamos autorización para traer flores a este cuarto, por la dificultad que su esposo tenía para respirar. Pero siento un olor a flores," dijo mientras se daba vuelta hacia la otra enfermera. "¿No te huele a flores?"

La otra enfermera respiró profundo. "Sí, pero no sabría decir qué tipo de flores son."

"No son rosas," dijo la primera enfermera.

"Sé que flores son." Delores estaba sonriendo. "Azucenas y fresias."

9

El Ángel de Dennis

*Dios los emplea como mensajeros para manifestarse
a los hombres*

—Calvino

Dennis Roper no entendía mucho sobre fútbol, pero
sabía que al equipo de su hijo le estaba yendo muy mal.
Un nuevo entrenador inexperto y muchos jugadores
que tampoco tenían mucha experiencia no eran exactamente la mejor combinación. Tres años atrás, cuando
Alan había empezado a jugar en la liga juvenil de la
YMCA, le habían asignado la posición de defensor derecho, lugar desde el que básicamente debía limitarse a
proteger su propio arco. Pero él era agresivo, así que
poco después lo habían pasado al mediocampo derecho. Este año, el entrenador lo había nombrado delantero central, donde tenía más responsabilidad en la
anotación de los goles.

El problema era que el equipo tenía dificultades para
llegar cerca de la portería del adversario y alcanzar un
punto desde el cual pudieran intentar anotar un gol.
Alan siempre estaba dispuesto a correr con todas sus

fuerzas y a patear el balón en medio de otras piernas; también resistía el contacto, a veces doloroso, con los jugadores del otro equipo, que era necesario para ganar el control el balón. Pero su equipo nunca lograba controlar el balón por mucho tiempo.

"Ya aprenderán," le dijo el entrenador Murphy a Dennis después del primer juego de la temporada. Tres partidos después aún tenían mucho que aprender. Así que Dennis trataba de mantener una expresión imperturbable cuando los padres y madres sentados junto a él gritaban animados para celebrar otro gol contra el equipo de Alan.

El partido ya estaba por terminar y el marcador iba 7-0. Dennis estaba resignado a perder pero le daba rabia ver que el otro equipo siguiera anotando goles. Una vez más los habían hechos papilla; ya era la segunda semana seguida que el equipo de su hijo salía de la cancha sin haber marcado ningún punto. ¿Perder es perder, no es así? No, no lo es.

Toda su vida, Dennis había escuchado que perder por un punto es tan malo como perder por diez. Algunos de los jugadores, cuando van perdiendo llegan a decir incluso que se sienten *peor* cuando pierden por un solo punto que cuando lo hacen por varios.

Dennis no compartía esa idea. Él había jugado básquetbol en la secundaria, y sabía lo que se siente al perder y ganar. Los ganadores siempre se sentían bien, sin importar la diferencia de puntos. Se sentían tan bien al ganar por veinte puntos como al hacerlo por uno. Pero cuando se estaba del lado perdedor, definitivamente era peor perder por muchos puntos que por pocos.

Y en deportes como el tenis, el béisbol o fútbol, una pérdida por tantos puntos de diferencia era lo que más dolía. Jugar con todas las fuerzas, entregándolo todo en la cancha y no anotar ningún punto era la derrota más difícil de olvidar. La acción en el campo aceleró de repente el pulso de Dennis. Tres delanteros del equipo contrario estaban amenazando, driblando y golpeando el balón con habilidad entre sí, evadiendo a los mediocampos y defensas mientras avanzaban sobre el terreno de juego. Había otro delantero listo para darle el último golpe al balón, cuando, de repente, se tropezó y se dobló el tobillo. Un defensa del equipo de Alan tomó el balón y lo pateó tan duro como pudo en la dirección contraria. El balón voló sobre cuerpos que chocaban unos contra otros y finalmente Alan lo atrapó en la mitad de la cancha. Mantuvo el control del balón, y al acercarse un mediocampo oponente, dribló y se movió más rápido; le pasó el balón a su delantero izquierdo, quien lo mantuvo en movimiento en la parte de atrás del campo. El defensa derecho del equipo contrario venía corriendo hacia él, así que le devolvió el balón a Alan, que corría en el mediocampo, avanzando directo hacia la portería. El defensa derecho se movió para bloquearlo y él se inclinó hacia la derecha. Esto era lo más cerca que el equipo de Alan había llegado del arco adversario en toda la tarde.

El portero se movía hacia atrás y hacia delante frente al arco, tratando de anticipar la dirección en la que Alan enviaría el balón. Alan movió sus hombros hacia la izquierda, con su pierna lista para patear el balón. El arquero se movió hacia la derecha, y Alan pateó el balón justo cuando el defensa chocó contra él. El balón pasó a la altura del hombro a la izquierda del arquero, que dio un salto desesperado para desviarlo.

Pero ya era demasiado tarde. El balón ya se había clavado en la red, y Alan saltaba de arriba abajo como lo había hecho en el Super Bowl. Sus compañeros de equipo llegaron corriendo hacia él, el entrenador gritaba y Dennis caminaba de un lado para el otro, asintiendo y sonriendo como si acabara de cerrar un buen negocio.

Camino a casa, Alan pasó un buen rato quejándose del partido, mientras su padre trataba de consolarlo y de hablarle de la mejoría en el juego del equipo.

"Lo que necesitamos es un poco de ayuda divina, como la del ángel de Leslie," dijo Alan en tono sarcástico.

Dennis sonrió. "Tal vez él te ayudó a que dieras esa patada."

"¡No sabes lo bien que me sentí! Sabía que podía hacer que el balón entrara."

"¿Entonces crees que el ángel te ayudó?"

"Papá," Alan se veía exasperado. "Si en realidad tuviéramos un ángel de la guarda, ganaríamos algún partido." Se quedó callado por un momento. "Pero creo que debes hablar con Leslie."

"Ella está bien."

"Pero eso no es normal."

"Cuando eras niño tú tenías un amigo invisible."

"Pero no es normal a su edad. Y mi amigo invisible no era un ángel."

Dennis miró a Alan. "Tu abuela tiene ochenta y seis, y aún cree en los ángeles."

"Eso es diferente."

"Estás acostumbrado a oírla hablar sobre ángeles. Probablemente sea de ahí que Leslie tuvo la idea de su propio ángel de la guarda."

"Pero mi abuelita no anda por ahí actuando como si siempre tuviera un ángel a su lado. Quiero decir...Leslie dice que un ángel mueve sus manos."

Leslie estaba tomando clases de piano, y a veces, luego de una lección difícil, decía que un ángel había guiado sus manos para tocar las notas correctas.

"No veo cuál es el problema," dijo Dennis. "Si ella piensa que tiene un ángel que la ayuda, tal vez eso le dé más confianza."

"Pero ella le habla de eso a mis amigos. Ellos creen que ella es rara."

Dennis asintió. "Ya veo. Estás pensando en una amiga llamada Ruby, ¿no es verdad?"

"No sólo es Ruby."

"Pero Ruby es la más importante, ¿no es así?" Ruby Townsend vivía sólo a dos cuadras de su casa, y Alan la conocía desde que eran pequeños. Habían ido a las mismas escuelas, y ahora que estaban en octavo grado habían descubierto una extraña atracción que hacía que quisieran estudiar juntos, ir juntos a todas partes y simplemente pasar todo el tiempo juntos.

"Si Leslie pudiera dejar de hablar de su ángel," dijo Alan. "Lauren no habla de ángeles."

Al escuchar esa frase Dennis sonrió. Lauren no hablaba mucho acerca de nada. Lauren y Leslie eran mellizas, pero no podían ser más diferentes. No se vestían de una manera similar y no se parecían físicamente. Eran mellizas, pero tan distintas como dos extrañas.

Leslie era pequeñita, con la piel oscura, los ojos castaños y el cabello negro, se parecía a su madre. Lauren era alta, su piel era más clara, tenía el cabello rubio y los ojos azules, lo que evidenciaba la herencia genética de su padre. Pero el contraste más notorio era el de su personalidad. Leslie hablaba todo el tiempo, era extrovertida y llena de energía, prácticamente había transformado al teléfono en un apéndice de su oído. Lauren era callada y tímida, introvertida a tal punto, que la comunicación con ella muchas veces dependía de las miradas y el instinto.

"Mira," dijo Dennis. "Lo siento mucho si Leslie te avergüenza frente a tus amigos, pero ella dice lo que siente. Ella sabe que Santa Claus no es real, así que ¿por qué habríamos de preocuparnos porque hable de un ángel? Si Leslie cree que tiene un ángel, déjala que lo crea."

"¡Cuidado!" gritó Alan. De repente, apareció un camión que venía sobre la cuesta de la montaña y estaba ocupando parte del carril contrario. Dennis viró bruscamente a la derecha mientras los frenos rechinaban, antes de que el camión se tambaleara al otro lado de la carretera.

"¡Ese tipo está loco!" exclamó Alan. Dennis disminuyó la velocidad. La carretera que conducía al parque del condado, donde se encontraba la cancha de fútbol pasaba entre colinas, curvas cerradas y granjas de ganado.

Dennis miró a Alan y sonrió nervioso. "Quizás fue un ángel el que impidió que chocáramos contra el camión, ¿no?"

"Tendría que *ver* a un ángel con mis propios ojos para poder creer que realmente existen."

Dennis disminuyó de nuevo la velocidad al ver una vaca. Luego desaceleró más y más. La vaca caminaba sin rumbo al lado de la carretera.

"Uno de estos días, alguien terminará chocando contra alguna de las vacas de Sligar si no las mantiene alejadas de la carretera," dijo Alan.

"Da la impresión de que su cerca siempre está en reparación," dijo Dennis.

"Pues tendrá que contratar a alguien que sepa hacerlo bien y que también repare su portón."

Después de que habían dejado la vaca atrás, Dennis volvió a acelerar. Ninguno de los dos habló mucho el resto del camino. Dennis estaba pensando en una llamada telefónica que debía hacer. Cuando llegaron a la Avenida Beechwood, Alan parecía ansioso.

"Papá ¿podrías dejarme en la casa de Ruby?"

"Claro."

"Quiero contarle que anoté un gol."

Dennis detuvo el auto frente a la casa de Ruby; era una construcción de ladrillo, de dos pisos, con un gran porche que se prolongaba hacia adentro, a la cocina. Parecía costosa, pero todas las casas del área de Palmdale eran lujosas, especialmente allí, en la calle Beechwood. Alan se despidió de su padre con la mano y salió corriendo hacia la casa.

A dos cuadras de allí, Dennis se estacionó en la entrada de una casa de piedra, estilo chalet. Tenía un patio trasero enorme protegido por una cerca alta de madera que daba privacidad a una cancha de tenis y a la barbacoa, alrededor de la cual solían hacer fiestas al aire libre.

Al entrar en la casa, escuchó el sonido familiar de las notas disonantes de Leslie que estudiaba el piano.

"Hola, Punki," dijo Dennis, y el rostro de Leslie se iluminó.

"¡Papi, oye esto!" Leslie tocó una estrofa de una melodía sencilla. "Yo lo escribí. ¿Te gusta?"

"Sí" respondió sonriendo. "¿Dónde está tu mamá?"

"Se fue a Darwinkle con la Sra. Barrow." Gracie Barrow era la mejor amiga de Lucille. "Están buscando antigüedades francesas," agregó.

Las antigüedades eran la mayor pasión de Gracie, y a Lucille le gustaba acompañarla en sus excursiones en busca de tesoros difíciles de encontrar.

"¿Dónde está Lauren?"

"Creo que está leyendo en la sala."

Dennis se dirigió a la sala y encontró a su callada hija enroscada en el sofá. Agradecía que a Lauren casi no le gustara la televisión. Los otros dos chicos pensaban que la tele era fascinante, pero Lauren siempre había actuado como si fuera una ciudadana de segunda clase.

"Hola, papá," dijo ella cuando su padre asomó la cabeza en su libro.

"¿Qué estás leyendo?"

"Lo tomé prestado de la biblioteca," dijo. Es *El Verdadero Creyente*.

Dennis estaba sorprendido. *El Verdadero Creyente*, de Eric Hoffer, era el libro que Eisenhower había hecho famoso al recomendárselo a los miembros de su gabinete. ¿Cuántos niños de diez años pueden leer ese libro?

"¿Qué tal te ha parecido?" le preguntó Dennis.

"Tengo que buscar un montón de palabras en el diccionario," dijo, "pero sus ideas son sencillas y lógicas. Y me gusta como escribe, en bloques cortos. Están numerados, así, si no entiendes algo, puedes detenerte y pensar en ello un rato."

Él asintió. Tenía que volver a leer aquel libro.

Más tarde, en su estudio, levantó el teléfono y vaciló. Tenía que hacer esa llamada, pero le causaba terror. Max Harper era un viejo amigo suyo y él confiaba en que su firma de contabilidad siempre había velado por los intereses de su empresa, la distribuidora de baldosas y alfombras Roper-York.

Oyó el timbre. Nadie respondió. Estaba a punto de colgar cuando escuchó una voz áspera que le era familiar. "¿Hola?"

"Hola Max…te habla Dennis."

"Tenemos que hablar."

"Lo sé, y espero que tengas una explicación lógica."
Hubo un silencio en la conversación.

"Tenemos que hablar personalmente," dijo Max.

Dennis sintió algo frío en el estómago. "Lo único que quería era que me aclararas la nota de Carruthers."

"Sería mejor si nos viéramos."

"Está bien. ¿Cuándo?"

"¿Por qué no ahora mismo? ¿Puedes venir a mi oficina?"

"Voy para allá."

"Le diré al guardia que te espere." Max colgó. Dennis bajó el teléfono suavemente y se reclinó en su asiento. Recordó los comienzos de su empresa. Cecil York y él hacían un equipo ideal: Cecil era el "Sr. Adentro," Dennis, el "Sr. Afuera." Cecil se encargaba de llevar los registros y manejaba los detalles financieros día a día, mientras que Dennis se concentraba en las ventas y en las relaciones con los clientes.

La distribuidora de baldosas y tapetes Roper-York vendía sus productos a través de su tienda principal en la calle Danner y en otros siete puntos, que incluían tres ciudades más. También ofrecían empleos en construcción en cinco estados, pues tenían equipos encargados de instalar los tapetes y las baldosas en torres de oficinas y de hoteles. El punto en el que Dennis trataba de diferenciarse de la competencia era en el servicio de seguimiento y en la asesoría constante que ofrecían a sus clientes. Se sentía orgulloso cuando revisaba el trabajo de sus empleados, y se preocupaba por estar en contacto permanente con los clientes para garantizarles una satisfacción continua. Llevaba un archivo con todos los clientes con los que había firmado contratos en el pasado, y con los que podía hacer nuevos negocios.

La compañía ya había cumplido dieciséis años, y se había vuelto más agresiva en el último año, pues habían decidido abrir tres tiendas nuevas. Además, se habían trasladado de sede y habían aumentado el personal.

Cecil le había asegurado que el negocio tenía una base sólida para expandirse, y al ver las proyecciones de crecimiento del negocio, él mismo había llegado a la misma conclusión. Pero un día, recibió una nota de Carruthers, un amigo personal del banco, en la que le decía que la reserva de efectivo de la firma estaba demasiado baja y que eso ponía en riesgo su capacidad para cumplir con las obligaciones de la deuda. Sin embargo, al consultar con un compañero en el banco, Carruthers le dijo a Dennis que la situación sólo era pasajera y que no tenía por qué preocuparse. Pero, a partir de eso, Dennis le había pedido a Max que investigara un poco y le presentara un informe.

Dennis se levantó y cuando estaba saliendo del estudio, se encontró con su esposa.

"¿Qué tal estuvo el partido?" le preguntó ella.

"Perdieron, pero Alan metió un gol."

"Bien."

"Lo dejé en casa de Ruby."

"¿A dónde vas?"

"Tengo que ir a ver a Max Harper. Regreso antes de la cena."

"¿Tienes que trabajar?"

"Sólo es una pequeña reunión," le dijo, y le dio un beso. "No me demoro."

"¿Te gusta?" le preguntó ella mientras sostenía en la

mano una estatuilla de una mujer joven. "Es una dama de compañía de la época de Luis XIV. No es una antigüedad auténtica, es una réplica, pero es hermosa ¿no te parece?"

Él asintió y se sintió aliviado al saber que su esposa no había pagado el precio de una antigüedad auténtica.

Cuando llegó a su cita, Max Harper parecía nervioso, lo que a su vez puso nervioso a Dennis. "Siéntate, Dennis, ¿quires tomar algo?"

Dennis hizo un gesto para indicarle que no. Max fue hasta su minibar y se sirvió un whisky, bebió un sorbo y le sonrió a Dennis.

"¿Acaso es tan grave lo que tienes que decirme que necesitas tomarte un trago antes de hablar?" le preguntó Dennis.

Max caminó hasta la ventana y miró hacia fuera. Luego se dio vuelta despacio hasta quedar de frente a Dennis. Se sentó en su silla, detrás del escritorio, se inclinó hacia delante y empezó a juguetear con unos papeles que tenía sobre la mesa.

"Estás en una situación difícil, pero creo que todo saldrá bien."

"Explícate."

"Por ahora puedes cumplir con las obligaciones de la deuda, pero tu flujo de caja no alcanzará para pagar al mismo tiempo tus costos de operación y los pagos de la deuda más adelante. Tendrás que recortar tus gastos."

"¡Pero acabamos de expandirnos! Esto no tiene sentido, yo miré las proyecciones."

"Te has expandido demasiado rápido, Dennis."

"Espera un segundo, tú eres mi contador, ¿no es así? Estás al tanto de todo lo que hemos hecho, ¿por qué no me habías dicho nada antes?"

"Se lo advertí a Cecil."

"¿Por qué no hablaste conmigo?"

"Él me pidió que no lo hiciera; dijo que todo se solucionaría y que era mejor no preocuparte."

Dennis trató de controlarse, y luego le dijo en tono sosegado. "Creí que éramos amigos."

"Y lo somos, Dennis, créeme. Pero Cecil es tu socio, y yo pensé que él consultaba las decisiones contigo. Por eso, cuando tú comenzaste con la expansión, yo pensé que eras consciente de todo lo que estaba pasando."

"Pero las proyecciones se veían bien."

"Las proyecciones eran…optimistas."

Max sacó un lápiz de la gaveta y comenzó a dibujar figuras en un papel. "Te endeudaste mucho, basado en esas proyecciones y en los contratos que habías cerrado para los dieciocho meses siguientes."

"Sí, y el riesgo estaba dentro de límites aceptables."

"¿Cuántos de esos contratos has perdido?"

"Varios, pero ya regresarán."

"Lo cierto es que esos clientes te han pagado una multa para deshacer los contratos."

"Nadie podía prever que los negocios se concentrarían en el sur del país."

"Tienes razón, Dennis," le dijo Max. "Nadie lo sabía. Pero a no ser que reduzcas tus gastos, acabarás gastando tus ahorros para mantenerte a flote. Realmente lo siento."

"¿Cómo pude ser tan torpe?"

Max guardó silencio.

"Cecil y yo tendremos que aprender a discutir un poco mejor las cosas," continuó Dennis con sequedad. "Se supone que los socios deben contarse todo ¿no es verdad?"

"Yo pensé que tú estabas al tanto de esta situación, y me sorprendí cuando me pediste que hiciera una pequeña investigación."

Dennis lo miró con una sonrisa nerviosa. "En realidad, tú no necesitabas investigar nada."

"De todas maneras hice algunas averiguaciones," vaciló Max. "De hecho, es posible que haya otro problema." Respiró profundo y miró alrededor como si tratara de visualizar un paisaje que le permitiera situarse por fuera de la oficina.

"Se trata del contrato en el que estás trabajando en este momento…el del Westgate Profesional Building. Tengo un amigo que trabaja allí, y me comentó sobre un rumor."

"¿Qué rumor?"

"¿Ganaste esa licitación ofreciendo un precio bajo?"

"Así es."

"Él dice que alguien te dio acceso a información confidencial."

Dennis se quedó inmóvil.

"Yo hice esa licitación. Nadie nos pasó ningún dato."

"¿Pero Cecil no te convenció de que bajaran el precio?"

"Sí, pero siempre hacemos ciertas concesiones. Preferimos fijar un precio cercano a los costos de fabricación y los recursos."

"Ustedes fueron los últimos en presentarse a la licitación y, según el rumor, ustedes ya sabían qué precio debías ofrecer."

"Eso no es cierto. ¿Por qué querría alguien de la Westgate pasarnos esa información?"

Max lo miró fijamente hasta que, por fin, Dennis cayó en cuenta. "¿Un soborno?"

Max asintió. "Lo que dicen es que alguien de la Westgate recibió dinero a cambio de esa información."

"Cecil nunca haría algo así."

Max se quedó callado, y luego le dijo en una voz muy suave. "No tengo cómo probártelo, sólo tengo un presentimiento desde hace varios años...Cecil es el encargado de hacer todas las compras, ¿no es así?"

"Sí."

"Siempre he tenido la impresión de que él se da más lujos que tú."

"Su esposa tiene dinero, ¿qué importancia tiene eso ahora?"

"¿Cecil es quien negocia directamente con los proveedores?"

"Sí."

"Los sobornos se pueden presentar a muchos niveles, es todo lo que puedo decirte."

Dennis no quería que Max dijera nada más. Lo único que quería era salir de aquella oficina e ir a casa, donde podía ocuparse de problemas sencillos, como el de una hija de diez años que tocaba piano con un ángel.

Tan pronto entró a la casa, Lauren se acercó a él, con *El Verdadero Creyente* en sus manos y le dijo: "Papi, Hoffer dice que somos más infelices cuando tenemos mucho y queremos algo más que cuando no tenemos nada y luego pasamos a desear algo. Pero entonces las personas que no tienen nada serían las más infelices ¿no es verdad?"

"Déjame ver."

Ella le pasó el libro. "Está en el número 23," le dijo Lauren.

Él analizó el pasaje y luego la miró. "No, él está diciendo que las personas ricas que tratan de acumular más dinero se sienten más frustradas que las personas pobres, que tienen mucho menos."

"No, eso no tiene sentido. Los pobres serían los más infelices."

Él sonrió. "Hoffer puede estar equivocado, pero te hace pensar."

Después oyó la voz de Leslie. "Papa, escucha esto," y tocó una melodía en el piano.

"Suena bien," le dijo él.

"Mi ángel me regaló esa canción."

Él sonrió y se dirigió a la cocina. Su esposa estaba preparando una ensalada. "La cena ya casi está lista."

Él la besó en la mejilla. "¿Ya llegó Alan?"

Ella asintió. "Está en su cuarto."

"Tengo que llamar a Cecil para ver si puedo reunirme con él esta noche."

"¿Hay algún problema?"

"Solamente necesito preguntarle algo."

Al llegar a su estudio se quedó mirando el teléfono. Era la segunda vez en el día que tenía que hacer una llamada que no quería. Levantó el teléfono y después de marcar el número, esperó a que respondieran. "¿Cecil?"

"Sí," dijo una voz que le era conocida. "¿Dennis eres tú? ¿Cómo estuvo el partido?"

"Estamos mejorando."

"El día aquí ha sido bastante agitado, pero la entrada ya está lista."

"Cecil, tenemos que hablar," prosiguió Dennis.

"Claro."

"¿Podría ser esta noche?"

La voz de Cecil sonaba cautelosa. "¿Pasa algo malo?"

"Hay algo que necesito preguntarte."

"Ya te dije que no tienes que preocuparte por el plazo del pago de la deuda."

"No, no se trata de eso, Cecil. Encontrémonos donde podamos hablar a solas."

"¿Qué te parece si vienes aquí? Gladys está jugando bridge en la casa de Elaine Stockton."

"¿A las ocho está bien?"

"Perfecto. Nos vemos entonces."

Dennis siempre quedaba impresionado cuando iba a la casa de Cecil. Le impresionaban los vecindarios donde los predios quedan escondidos tras largas cadenas de árboles, altas cercas de piedra y largas entradas. Realmente Cecil vivía con más lujos que él, pero él siempre había dicho que lo que les permitía vivir en Stantos Hills era el dinero de su esposa. ¿Podría haber otra razón?

Cecil atendió la puerta y le dio la bienvenida con una amplia sonrisa, pero en sus ojos se veía la preocupación. ¿O lo estaría imaginando? Cecil lo invitó a la biblioteca y después de ofrecerle una copa, abrió una botella de vino.

"Cabernet Sauvignon Insignia, de Joseph Phels, cosecha de 1989," dijo Cecil mientras servía dos copas. "El viñedo de Phels es uno de mis preferidos en California." Tomó un sorbo. "Beber una copa de vino al día es bueno para el corazón, ¿lo sabías?"

Dennis tomó un sorbo. "Muy bien."

Cecil estaba sentado en un inmenso sillón de cuero negro. "Y bien, ¿de qué querías hablarme?"

"Aún estoy preocupado por nuestra situación financiera."

"Te dije que era una cosa pasajera. Estamos bien."

"Max también está preocupado."

"¿Cuándo hablaste con él?"

"Hoy por la tarde."

Cecil tomó otro trago y contempló su copa. "Los consejos de Max no siempre son los mejores."

"Yo le había pedido que hiciera una pequeña investigación."

"¿Qué?"

"Él escuchó un rumor."

Cecil se rió. "Los rumores abundan."

"Él escuchó que nosotros sabíamos el precio que debíamos ofrecer para ganar la licitación de Westgate."

Cecil miró su copa una vez más, sin decir nada. Luego la puso sobre la mesa, caminó hacia el estante de los libros y recorrió los títulos con la mirada. Luego se dio vuelta hasta quedar de frente a Dennis.

"Sí, lo sabíamos."

"¿Hicimos algo ilegal?"

Cecil se dirigió de nuevo a su sillón y se sentó. "Lo que hice es muy común, todo el mundo lo hace. A veces hay que acudir a este tipo de ayudas para que las cosas resulten. Habíamos perdido cuatro licitaciones seguidas."

"¿Le pagaste a alguien para que te diera esa información?"

"Por supuesto."

"¿Y nunca me lo contaste?"

"Mira, los dos hemos encontrado muchos obstáculos y siempre los hemos superado. Pero yo siempre supe que tú eras el "Sr. Correcto," incapaz de apartarte del buen camino. Por eso es tan bueno tenerte como socio, pero esa rectitud a veces hace difícil que podamos ganar los contratos. La gente que distribuye trabajos siempre espera algo a cambio."

Dennis se puso de pie. "Nosotros no hacemos negocios así. Yo no hago negocios de esa manera. Esto se acabó."

"¿Qué quieres decir?"

"Llama a tu abogado. Mi abogado se comunicará con él para encontrar la manera más rápida de disolver nuestra sociedad."

"Entonces yo compro tu parte."

Dennis sonrió. "¿Así que tienes suficiente dinero para comprar mi parte del negocio? Ah, lo olvidaba, tú tienes el dinero de tu esposa."

"Eres un tonto, Dennis."

"No comprarás mi nombre en el acuerdo. Eso no está en venta." Dennis salió de la biblioteca y Cecil lo siguió con la mirada, tomó un último sorbo de la copa, que quedó vacía, luego la puso sobre la mesa y decidió no servirse más vino. Ya no le sabía tan bien.

Una semana después, de camino a la cancha de fútbol para el siguiente partido de Alan, Dennis pensó en cuánto habían cambiado las cosas en tan poco tiempo. Los abogados estaban a cargo del caso, y Cecil compraría su parte del negocio. Mientras tanto, él ya estaba haciendo planes para abrir un nuevo negocio. El contrato le impediría competir con Cecil, pero desde hacía mucho Dennis quería abrir un restaurante de comida casera. Sus hijos estaban en la edad perfecta para ayudar a preparar y servir hamburguesas, papas fritas y malteadas. Él ya tenía algunas ideas para atraer a los niños y ofrecer a la vez un menú más saludable que agradara a los padres.

El clima era intimidante. Mientras subían una colina y pasaban una curva, una ráfaga de viento salpicó unas cuantas gotas de lluvia sobre el parabrisas.

"Es probable que cancelen el partido," dijo Dennis

"Tal vez no esté lloviendo en la cancha," le respondió Alan.

Las gotas empezaron a caer con más frecuencia y Dennis tuvo que poner los parabrisas más rápido. "O tal vez necesitemos un barco para volver a casa."

"Sigamos hacia delante," dijo Alan.

Dennis siguió conduciendo y Alan miró su reloj.

"Estamos atrasados."

Entonces Dennis aceleró. La lluvia empezó a caer con más fuerza. Subieron otra colina y tuvieron que pasar por otra curva. Luego una colina más, y entonces, de repente, Alan le dio un codazo a su padre.

"¡Cuidado, mira allí! Ese sujeto nos está haciendo señas."

Dennis miró a la derecha de la carretera. De pie, junto al pasto crecido estaba parado un anciano vestido con un sombrero negro. Parecía un fugitivo de los Ozarks.

"¿Qué querrá?" preguntó Dennis.

"No lo sé. Parece que quiere que disminuyamos la velocidad."

Dennis soltó el acelerador. "¿Será que necesita ayuda?"

"No lo creo. Está asintiendo y está moviendo las manos."

Dennis ya había disminuido la velocidad al máximo. Después de dejar atrás al anciano se acercaron a la cima de la colina. "No puedo detenerme aquí para regresar. Tendremos que llegar hasta la cima para poder dar la vuelta."

Al llegar a la cumbre, Dennis pegó un frenazo. El auto se deslizó diez pies sobre la carretera, hasta que por fin se detuvo justo delante de una vaca que estaba atravesada en su carril.

"El anciano nos estaba avisando de la vaca," dijo Dennis.

Alan asintió. "De no haber sido por él, con seguridad hubiéramos chocado contra ella."

"Y si nos hubiéramos chocado, el auto se hubiera destrozado, la vaca también y tal vez incluso nosotros habríamos quedado malheridos." Giró el auto, apurado, y se devolvieron por el mismo camino. "¿Ves al anciano?" le preguntó Dennis.

"No, pero estaba parado justo allí."

Dennis detuvo el auto a un lado de la carretera. "Tiene que estar por aquí cerca."

Para ese entonces la lluvia había cesado casi por completo, pero el pasto y la maleza estaban húmedos. Dennis se estacionó a un lado de la vía y luego los dos caminaron hacia donde creían que debía estar el anciano. Miraron en todas las direcciones; no había árboles, ni rocas, no había nada tras lo que pudiera estar escondido. Pero él no podía haber desaparecido así, simplemente.

"¿Dónde más podría estar?" preguntó Alan. "¿Tú lo viste, no es verdad papá?"

"Sí, él estaba allí."

Revisaron en un área más grande. "Está bien," dijo Dennis. Él tuvo que haber dejado algún rastro al caminar, pues mira las huellas que estamos dejando nosotros." Sus zapatos dejaban marcas profundas sobre la hierba mojada, pero no encontraron ningún otro rastro, a no ser el que dejaban sus propios zapatos.

"Vayámonos," dijo Dennis.

De camino a la cancha, los dos permanecieron callados hasta que finalmente Alan le dijo: "Papá, pudimos haber tenido un accidente grave."

Dennis asintió. Y Alan continuó: "¿Crees que haya sido un ángel?"

"Los dos lo vimos ¿no es así?"

"Sí," le respondió Alan.

"Y no vimos ninguna huella sobre el pasto."

"No, no había ningún rastro."

"Yo diría que eso es imposible ¿no te parece?"

Permanecieron en silencio otro rato, y luego Alan continuó: "Papá, pero ¿por qué luciría un ángel así?"

"¿Quizá para llamar nuestra atención?"

Tras un momento, Alan le preguntó: "¿Piensas que alguien nos creerá?"

Dennis sonrió con algo de burla. "Tal vez Leslie nos crea."

10

El Ángel de Víctor

*Pues él ha encargado a sus ángeles de guardarte en
todos tus caminos. Te llevarán ellos en sus manos, para
que en piedra no tropiece tu pie*

—Salmos 91:11–12

Víctor se anudó torpemente la corbata mientras pensaba: Esto es ridículo. ¿Por qué iba? Nunca se había interesado por asistir a ninguna de las reuniones con sus compañeros de secundaria, así que ¿por qué ir a ésta? No encontraría a nadie conocido, no bailaba bien y se sentía incómodo cuando le presentaban a personas nuevas. Además, no era buen conversador.

Un perdedor, pensó mientras se miraba en el espejo, soy un completo perdedor.

Sólo había una razón por la cual iba, Marion le había pedido que lo hiciera. Ella era cuatro años menor que él, y más hermosa que Paula, su fallecida esposa, a la que había adorado. Víctor no entendía muy bien por qué Marion Chester le había pedido que fuera con ella a la reunión de secundaria.

No parecía que se hubiera graduado hacía tanto

tiempo. Ciertamente no aparentaba tener treinta y cuatro, mientras que a él se le notaban cada uno de sus treinta y ocho.

La primera vez que la había visto, había sido en la iglesia, cuando Paula aún estaba viva. Durante sus nueve años de matrimonio, él y su esposa no habían faltado un solo domingo a misa, a no ser cuando estaban fuera de la ciudad. La Iglesia Bautista de la calle Elm sólo tenía 525 miembros, así que todos se conocían entre sí.

Los padres de Marion eran muy conocidos entre la comunidad de la iglesia, y cuando Marion se casó, todos los miembros fueron invitados, entre ellos, Paula y él. Recordaba claramente lo hermosa que lucía Marion al caminar hacia el altar con su largo vestido de novia. Muchos pensaron que era demasiado joven para casarse—apenas tenía dieciocho—pero todos adoraban a los Chester y a su hija, y esperaban que su matrimonio funcionara.

Pero no fue así.

Su esposo resultó ser un hombre violento que solía golpearla. Ella permaneció cuatro años a su lado hasta que finalmente buscó ayuda. La familia de él era rica y su padre, el presidente de la South States Capital Managment, Ltd., estaba tan avergonzado que se había asegurado de que Marion obtuviera una inmensa compensación económica tras el divorcio, además de insistir en que se quedara con la casa y recibiera ayuda financiera para su nieto.

Todos creían que Marion volvería a casarse. Aún estaba muy joven y contaba con el apoyo emocional de sus amigos. Pero ella volvió a usar su apellido de soltera, dejó la casa y se mudó a Nashville, donde encontró una buena guardería para su hijo y estudió hasta obtener el título de administradora en la Universidad de Belmont. Luego, regresó a la ciudad y abrió una floristería. Todos suponían que su ex suegro la había ayudado a dar los primeros pasos en el negocio. Durante los seis años siguientes su tienda había crecido y ahora era una de las tres floristerías más grandes de la ciudad.

En sus conversaciones, los miembros de la iglesia reflejaban su curiosidad e incluso cierta preocupación porque Marion no había vuelto a encontrar otro hombre a quien amar. Evidentemente ella aceptaba salir con algún pretendiente de vez en cuando, y en ciertas oportunidades la veían llegar a la iglesia con un nuevo acompañante.

Pero ninguna de esas relaciones se concretó.

A Paula nunca le gustaron los rumores acerca de Marion. "Ella tuvo que soportar los abusos de su marido," decía. "No es fácil superar una experiencia como ésa, y de todas maneras ella está muy ocupada administrando su negocio y criando a su hijo."

Víctor y Paula habían tratado de tener un hijo, sin éxito. El médico nunca había podido establecer cuál era el problema. El conteo de esperma de Víctor era alto, por eso Paula pensaba que debía ser su culpa; más tarde, al desarrollar una enfermedad en el corazón, estuvo segura de que ella era quien no podía tener hijos. El médico dijo que no había ninguna relación entre las dos cosas, pero ella no le creyó.

Paula tenía la tendencia a fatigarse fácilmente, pero siempre había pensado que se trataba de algo normal en su metabolismo. Creía que algunas personas simplemente debían tener un nivel de energía más bajo que el promedio. Pero luego empezó a ser consciente del funcionamiento de su corazón; sentía sus latidos, e incluso a veces pensaba que podía escucharlos. A pesar de ello, sólo se había alarmado tres años atrás, tras comenzar a sentir taquicardia y dolores en el pecho.

Víctor la llevó inmediatamente a ver un cardiólogo. Al tomar la radiografía de su pecho, el médico dijo que su corazón había aumentado de tamaño. El diagnóstico era cardiomiopatía, probablemente de tipo hipertrófico, una enfermedad que generalmente estaba asociada con factores genéticos, pero en realidad sus causas eran desconocidas. El médico le recetó una medicina antiarrítmica y le ordenó visitarlo regularmente para hacerle chequeos periódicos.

Luego desarrolló un edema y empezó a sentir cada vez mayores dificultades para respirar; entonces el médico habló a solas con Víctor. Le explicó calmadamente que no existía ningún otro tratamiento aparte del medicamento que Paula ya estaba tomando y el diurético que le recetaría. Sin embargo, debido a la enfermedad, la función muscular del corazón se deterioraría en forma progresiva; la velocidad del proceso variaba en cada paciente, así que era mejor que Víctor estuviera preparado para lo que pudiera suceder.

Lo que sucedió fue que la enfermedad empeoró, y Paula tuvo que ir al hospital. Estando allí, una noche, Paula tomó la mano de Víctor y le dijo con una voz muy débil que pronto lo dejaría. Él intentó contradecirla, pero algo en la expresión de su esposa hizo que permaneciera en silencio. "Víctor, hemos vivido momentos hermosos juntos."

Él asintió.

"Creo que ningún hombre hubiera podido hacerme más feliz. Sólo desearía haber podido darte un hijo."

"No, Paula, nunca necesité tener a nadie más, sólo a ti."

Ella sonrió. "Tú construiste nuestra casa con tus propias manos, pero lo más importante fue que tu corazón me brindó un hogar."

Lo único que él podía hacer era mirarla y tratar de contener el llanto. Sí, le hubiera gustado tener un hijo, una pequeña niña que siempre le recordara a su madre, a esa mujer que lo acompañaba a jugar bolos, que era una feroz competidora de bridge y trabajaba como voluntaria en el centro de la Cruz Roja todos los martes; aquélla que le empacaba el almuerzo cuando él tenía que trabajar en lugares donde era difícil encontrar un restaurante, que lo escuchaba y lo consolaba cuando tenía problemas con su hermano, y que se sentaba a su lado en la iglesia todos los domingos, en fin, hubiese querido tener a una hija que le recordara esa mujer que había sido su esposa.

"Víctor, quiero contarte algo. Sé que pronto me iré, lo sé porque tuve un sueño. Vi una figura…es curioso…no sé si era un hombre o una mujer. Había un aura brillante y a través de ella vi una figura y escuché una voz, la voz que escuché…" se detuvo, como si le costara trabajo respirar. Luego, cuando se relajó continuó, "un ángel…me dijo que no me preocupara, pues pronto llegaría a mi nuevo hogar, pero Víctor, el ángel me dijo algo más."

Víctor esperó, sin dejar de sujetar su mano. Él siempre había sabido que ella creía en los ángeles; cargaba todo el tiempo la imagen de un ángel en su bolso. Él, por su parte, siempre había reconocido la función de los ángeles en la Biblia, pero nunca los había concebido como una presencia práctica en el mundo actual.

"Víctor, el ángel me dijo que él cuidará de ti cuando yo me vaya." Lo miró como si esperara una reacción suya, pero lo único que él acertó a hacer fue llevarse la mano de Paula a su rostro y besarla. En ese momento no pudo ocultar más sus lágrimas.

"Víctor, quiero que encuentres a alguien más a quien amar."

"Por favor..." Él no quería escucharla hablar sobre eso.

"Sé lo que estás sintiendo pero escúchame, eres un buen hombre, demasiado bueno como para no hacer feliz a otra mujer, que a su vez te haga feliz a ti. Además," continuó ella, sonriendo, "eres joven, aún puedes tener hijos."

"Sólo te quiero a ti," replicó él, mientras dejaba descansar su cabeza sobre el pecho de ella. Paula acarició su cabello.

"Querido, mi querido Víctor. Estarás bien. Recuerda estas palabras. El ángel te protegerá. Él me prometió..." Su voz se desvaneció, y Víctor levanto su cabeza rápidamente, la observó, pudo ver sus ojos cerrados y su pecho, que se movía al ritmo de una respiración cada vez más lenta y más tranquila, y entonces lloró.

Esa noche Paula murió.

Víctor terminó de anudar su corbata, eso tenía que ser suficiente. Había hecho todo lo que podía para lucir bien. Había escogido su mejor traje—el azul oscuro—, una camisa nueva, zapatos lustrados; acababa de lavarse el cabello y de rasurarse la barba. ¡Si tan sólo su cuerpo fuera distinto! Sin duda, pensó al mirarse en el espejo, había partes de su cuerpo que no estaban tan mal. Su tono muscular era fuerte, gracias al esfuerzo físico que le exigía su trabajo y a que levantaba pesas desde sus años universitarios...su corazón también se encontraba en buen estado, pues solía salir a trotar. Pero su cara...no era exactamente el tipo de rostro que buscan los agentes de estrellas de Hollywood. La bella y la bestia, probablemente eso dirían las viejas amigas de Marion al verlos llegar juntos a la fiesta.

Pero había sido ella quien le había pedido que la acompañara. Así que ¿por qué descalificarse tanto si hasta una mujer como Marion encontraba algún atractivo en él? Víctor llenó sus bolsillos con un cepillo, un pañuelo, algunas monedas, su billetera y por último su llavero. Una pequeña cadena de metal rodeaba la argolla con las llaves; de la cadena colgaba el pequeño ángel dorado que solía llevar su esposa. Víctor le había llevado la figura a un joyero que le había puesto un pequeño gancho en la punta; a través de él le había ensartado una pequeña cadena de oro que podía colgar del llavero. El ángel siempre acompañaba a Víctor, que no lo cargaba por protección sino como un recuerdo del amor que había compartido con su esposa.

Sintió que alguien golpeaba a su puerta y al darse vuelta vio la cabeza de su hermano que se asomaba.

"¿Ya casi estás listo?"

"Sí."

"Se te va a hacer tarde."

"Estás hablando como Paula." Aunque no era realmente cierto, ya que su hermano Mike no sonaba como Paula, ella tenía una manía con la puntualidad. "¿Recuerdas lo que te dije, Mike?"

"Claro."

"Quiero que hablemos cuando regrese de la fiesta."

"Aquí estaré."

"No llegaré muy tarde."

"Te digo que aquí estaré."

Al bajar las escaleras, Víctor tomó algunos discos de música de los setentas que había comprado hacía poco. Al visitar una tienda, se había dado cuenta de que en

1977 habían salido varios éxitos, como "Da Doo Ron Ron" y "You Light Up My Life."

Después de escoger los discos, se dirigió al auto, el mayor lujo que Víctor se había permitido. Era un Porche 910 con cuatro años de uso; se lo había comprado a un cliente al que le había remodelado la casa, y lo mantenía siempre brillante. Era verde oscuro y tenía una potencia enorme. Él en realidad no conducía a gran velocidad, simplemente le gustaba saber que su auto tenía potencia.

Víctor sabía dónde vivía Marion pues había trabajado en su casa más de tres semanas. Marion quería remodelar el área de la cocina y del estudio; también había decidido instalar un tapete diferente en la sala y en el comedor y darle otro acabado a los baños; además quería derrumbar una pared entre dos cuartos en el segundo piso para crear un estudio amplio con claraboyas y, para finalizar, quería un techo nuevo. La compañía de construcción de Víctor se había encargado de planear todos los trabajos de remodelación. En realidad, Víctor trabajaba como contratista jefe, y se dedicaba principalmente a la construcción. Había preferido que su negocio no creciera mucho, para poder dedicarle a cada trabajo su atención personal. Cuando se trataba de algún amigo, también aceptaba trabajos de remodelación. Su socio, Vince Darden, permanecía casi todo el tiempo en la oficina, pero a Víctor le gustaba el trabajo físico que exigía el trabajo de construcción. En algunos momentos, dirigía a dos equipos, que solían alternar entre distintos sitios de trabajo.

Se preguntaba si estaría yendo a esa reunión si no hubiera sido por su trabajo. Desde hacía algún tiempo había querido invitar a Marion a salir, pero no había tenido el valor para hacerlo. Algunas veces, ella salía más temprano de la tienda y los observaba mientras él y su equipo trabajaban, les daba sugerencias y les hacía preguntas. Un día, ella le había llevado el almuerzo en una canasta, y habían comido juntos. En otra ocasión, él le había propuesto que salieran a cenar a un restaurante de comida rápida. Lo curioso era que tenían muchas cosas de qué hablar. Finalmente, él le dijo que fueran a cenar y a ver una película y ella aceptó. Aquella noche había estado muy nervioso, le habían sudado las manos, pero la había pasado muy bien. Y luego, hacía exactamente cuatro días, estando en su casa, ella lo había invitado a la reunión con sus compañeros de la secundaria.

Víctor llegó a la gran entrada circular y se estacionó. La fachada era de ladrillo con bordes de cedro, lo cual le daba un aire campestre y rústico. El techo inclinado contenía tres buhardillas, cada una era lo suficientemente amplia para cederle espacio a las claraboyas del estudio. En uno de los extremos había una chimenea que iba desde el piso hasta el techo. Al otro lado había un garaje doble; detrás de él se levantaba una reja de hierro, formada por barras verticales de ocho pies de altura, dispuestas a una distancia de diez pulgadas y unidas de un extremo al otro por barras horizontales de veinticuatro pulgadas cada una. Al elegir la reja, el antiguo dueño de la casa no había pensado tanto en la apariencia como en la seguridad: cualquiera que intentara subirla se lastimaría con las barras.

Víctor se bajo del auto y se acercó a la puerta. Había estado tantas veces allí por causa del trabajo que casi le daba la sensación de estar llegando a casa. Al tocar el timbre, la puerta se abrió de inmediato. Allí estaba ella. Tenía un vestido de seda azul con un collar de perlas; el tono de sus zapatos correspondía exactamente con el del vestido. Dos aretes de perlas resaltaban su rostro.

"Te ves muy bien," le dijo ella, y notó que a él le costaba trabajo hablar. "¿Me ayudas con el abrigo?"

Ella le pasó el abrigo y al quedar de espaldas a él, Víctor sintió el impulso de dejar el abrigo y tomarla en sus brazos. ¿Cuántos años tenía, treinta y ocho o dieciocho?

"De veras me gusta tu auto," le dijo ella mientras se recostaba contra el asiento de cuero.

Finalmente Víctor se armó de fuerzas para hablarle. "Luces hermosa," le dijo y ella sonrió. "Tengo algo de música de los setenta," agregó al tiempo que ponía un disco. Mientras atravesaban la ciudad hacia el gimnasio de la secundaria Reston Hills escucharon una colección de canciones que incluía "Delta Down," "Tie a Yellow Ribbon Round the Old Tree," "How Deep is Your Love," "Lucille" y "You Are the Sunshine of My Life."

Al llegar al estacionamiento de la escuela y ver los autos, Víctor pudo hacerse una idea de las personas que asistían a la fiesta. Había algunos BMW, unos cuantos Mercedes, Saab, Lexus, Infiniti y Maxima. Al menos su auto no desentonaba, pero ¿si alguien tenía un Chevrolet, también sería bienvenido a esta reunión? ¿O acaso el verdadero propósito del encuentro consistía en que cada uno pudiera exhibir el éxito que había alcanzado delante de sus viejos compañeros?

Por supuesto que también había algunos Chevrolet, Fords y Plymouths en el estacionamiento, sólo que Víctor parecía no haberlos visto.

Al cruzar por la entrada del salón Marion lo tomó del brazo. Adentro todos se saludaban y se dirigían elogios. Pocos minutos después de haber llegado, Marion charlaba emocionada con un puñado de mujeres y les presentó a Víctor.

"Iré por un poco de ponche," dijo él rápidamente.

Marion asintió. Y mientras él se alejaba, ella ya había retomado la conversación. Él se preguntaba si ella lo acompañaría a su reunión—la celebración de los veinte años de su graduación estaba por llegar. No sería en Reston Hills sino en Jefferson Street High, una escuela mucho menos sofisticada, en la que seguramente no habría tantos autos importados.

Víctor se las arregló para llegar hasta el ponche; cada vez que se cruzaba con alguien asentía, sonreía y se disculpaba si chocaba con alguien. Un grupo de rock tocaba algunos viejos éxitos, casi todas eran canciones lentas, muy comunes al comienzo de las fiestas. Algunas parejas bailaban en el espacio que quedaba entre la plataforma y los grupos de personas que hablaban, ansiosas por compartir viejos recuerdos y rumores actuales.

Marion pareció alegrarse al ver regresar a Víctor. Bebió su ponche y antes de que éste pasara por su garganta ya estaba hablando de nuevo: "Quiero presentarles a…"

Un mar de rostros desfiló frente a él, pues Marion le presentó a una infinidad de personas a lo largo de la noche, que transcurrió entre más vasos de ponche y pasabocas. Ocasionalmente se acercaban a alguna mesa y se sentaban mientras que Marion se ponía al día de la vida de más amigos. Cuando estaban en una de las mesas, una mujer con un vestido rojo brillante se acercó apurada a Marion y le susurró algo al oído. Su rostro palideció de inmediato; después recorrió el salón con la mirada. En un rincón del recinto las personas se aglomeraban hasta que empezaron a separarse y un hombre pasó a empujones. Arrastraba los pies y andaba con paso inestable.

"Hola, querida esposa."

"¿Qué haces aquí?" le preguntó Marion, aterrada.

"Creíste que estaba en Chicago, ¿no es así? Pero no pensaste que me perdería la reunión de nuestra graduación ¿o sí?" Se levantó sin dejar de tambalearse. Marion se puso de pie, miró a Víctor y le dijo: "Vamos."

Los dos empezaron a salir del salón, pero el hombre la agarró por el hombro y la sacudió. "No huyas de mí. Ya lo hiciste una vez, huiste de nuestro matrimonio y te llevaste a mi hijo. Mi propio padre no quiere saber nada de mí. Pero estoy aquí para mostrarle a todo el mundo lo falsa que eres."

Víctor lo empujó. "Ya fue suficiente."

El hombre se quedó observándolo, luego miró a Marion. "¿Quién es este tipo?"

"Estás borracho," le dijo ella, y tomó la mano de Víctor. "Vamos, Víctor."

"¿Víctor? ¿Víctor Borge? ¿Eres comediante?"

"Siéntate." Víctor le acercó una silla. "Siéntate aquí. Ya te sentirás mejor."

"¿Cómo se siente esto…?" El hombre lanzó un puñetazo tan amplio, que Víctor sintió que pasaron horas. Luego levantó la mano y agarró el puño, sujetándolo sin moverlo. El hombre estaba allí, de pie, y miraba a Víctor, que puso su mano sobre el antebrazo del ex esposo de Marion para forzarlo a sentarse. Después de un momento, el hombre miró alrededor y dijo: "¿Alguien tiene un trago?"

Víctor lo soltó y entonces Marion tomó a Víctor del brazo. "Por favor, vamos."

Camino a casa los dos permanecieron callados. Finalmente, Marion dijo: "Lo siento; siento mucho que él te haya molestado. Se fue a Chicago hace varios años para vivir cerca de su hermano. No tenía idea que vendría a la reunión."

"Es un hombre apuesto."

Ella lo miró. "Lo nuestro fue un amor de colegiales. Me temo que me dejé llevar por su apariencia."

"Sólo tenías dieciocho años."

"Él también. Mis papás trataron de convencerme de cancelar la boda. Tanto ellos como los padres de él querían que esperáramos, pero estábamos locamente enamorados. Sus padres me querían y lo adoraban a él. Era el consentido de la familia."

"¿Él no quería ir a la universidad?"

"No, quería empezar a trabajar tan pronto nos graduáramos, y su padre tenía algunos conocidos que le dieron trabajo como vendedor de bienes raíces."

Al llegar a la entrada de la casa, Marion le dijo: "Te invitaría a pasar pero me temo que no soy una buena compañía en este momento. Quisiera que vinieras cuando puedas a pasar un rato con Jerry."

"A mí también me gustaría," dijo Víctor. "Es un chico encantador."

"Tú también le caes muy bien. Creo que quiere ser contratista de construcción cuando crezca."

Víctor sonrió, y le habló seriamente. "Marion, quiero decirte algo. Tuve un matrimonio feliz; nunca me había sentido atraído hacia ninguna mujer desde que Paula murió. Ya no soy un chico, pero en este momento, me siento como un adolescente y sé que es por ti. Perdóname si voy demasiado rápido, pero quiero volver a verte. Estoy buscando una relación seria. Si tú no sientes lo mismo, es mejor que limitemos nuestra relación al plano profesional, pero creo que podría llegar a enamorarme de ti." Sonrió y agregó: "De hecho, creo que ya empecé a hacerlo."

La expresión de los ojos de Marion se suavizó. "Ese fue un bonito discurso, Víctor." Marion tomó su mano. "Por supuesto que quiero volver a verte. ¿Crees que te habría invitado a mi fiesta de secundaria si no estuviera pensando en tener algo serio contigo? Querido, nos conocemos desde hace mucho, y sé cómo tratabas a Paula. Creo que tengo una idea bastante acertada de la clase de marido que puedes llegar a ser. Soy una mujer de negocios ¿crees que no sé como hacer mis inversiones?"

El corazón de Víctor daba fuertes latidos y no tenía idea qué debía decir o hacer.

"¿Vas a darme un beso de buenas noches o vas a darme otro discurso?"

En ese momento, Víctor supo exactamente qué hacer.

Al llegar a casa, Víctor encontró a su hermano viendo una repetición de *"The Avengers"* en la televisión, recostado sobre el sofá, con una botella de Zima a medio tomar. "¿Cómo te fue?" le preguntó a Víctor.

Víctor colgó su abrigo en el armario y se dio vuelta hacia él. "¿Puedes apagar el televisor, Mike?"

"Claro." Mike apagó el televisor con el control remoto. Víctor se sentó en una silla al lado de su hermano, y se inclinó hacia él.

"Vince se quejó de ti hoy."

"Tu socio se queja todo el tiempo."

"¿Qué es lo que pasa con Faye White?"

Mike se encogió de hombros. "Alguna vez salí con ella."

"Pero apenas tiene diecinueve años."

"Por lo tanto no es ilegal."

"¿Qué quieres decir con eso?"

"Ella ya es una mujer, Víctor…en todos los sentidos."

Víctor extendió la mano, agarró a su hermano de la camisa, lo sacudió hasta que sus rostros quedaron a seis pulgadas de distancia. "Escucha…antes de que mamá muriera, le prometí que te cuidaría, pero no puedo vivir la vida por ti. Ya estoy cansado de arreglar todos los estragos que haces. Ya es hora de que crezcas o te vayas."

"Hey, nunca tuve malas intenciones. Sólo he salido con ella un par de veces."

Víctor soltó a su hermano. "Harold White es amigo cercano de Vince, y no quiere que salgas con su hija."

"Sé que ella es demasiado joven. La conocí cuando estaba en un bar con un amigo."

"Mike, estás trabajando en nuestra compañía porque eres mi hermano. Vince ni siquiera quiere dirigirte la palabra. Estás en una situación cada vez más difícil."

"Hago bien mi trabajo."

"Cuando vas a trabajar. ¿Sabes cuántas veces faltaste el mes pasado?"

"No tengo la culpa de enfermarme."

"Pero si puedes evitar estar fuera hasta tarde si tienes que madrugar para trabajar al otro día. Muchas veces me he preguntado por qué siempre has vivido…en el límite. Te has rebelado contra casi todo lo que la gente considera valioso. No heredaste esa actitud de papá o de mamá, y tampoco la aprendiste de mí."

"No, lo único que vi en ti fue al Hijo Modelo, al Sr. Conformidad. El Sr. Voy a la iglesia, el Sr. Correcto."

Víctor lo miró fijamente, y luego sacudió la cabeza lentamente. "Mike, has tenido que mudarte de un lugar a otro infinidad de veces, te han despedido de varios trabajos por haber faltado, has estado involucrado en peleas de bar, te han arrestado por estar embriagado y alterar el orden. La última vez que la policía te detuvo, el juez te dejó salir porque yo le dije que podías venir a vivir y trabajar conmigo, pero lo hice porque tú me hiciste una promesa ¿la recuerdas?"

Mike asintió. "He cumplido esa promesa."

"Acordamos que tomaríamos este tiempo como un período de prueba."

"Pero necesito un poco de libertad."

"Mi intención no ha sido convertir esta casa en una prisión. No he tratado de impedir que salgas, ni te he impuesto un toque de queda. ¡Tienes treinta y cinco años! Lo único que quiero es que sientes cabeza, que encuentres cierta estabilidad. Quiero que vivas tu propia vida, una vida de la que puedas sentirte orgulloso. Eso es todo lo que mamá y papá querían."

"Nunca podré ser cómo ellos querían que fuera."

"Ven a la iglesia el domingo."

"¿Tú crees que eso serviría de algo?" Mike se levantó y dio vueltas por la sala. "Ya fue suficiente con todas las veces que tuve que ir a misa cuando éramos niños." Se acercó a una imagen de Cristo que colgaba de la pared. "Mamá tenía esta imagen sobre la mesa de la cocina." Se dio vuelta hacia Víctor. "¿Qué pasó con la otra imagen que tenía mamá, en la que Jacob luchaba contra un ángel?"

"Está en un baúl en algún lugar."

"¿Te imaginas luchar contra un ángel?" Se rió Mike. "Esa sí que es una buena idea. Me preguntó ¿qué habría hecho Hulk Hogan si se hubiera enfrentado a un ángel?"

"No te desvíes del tema."

"Los ángeles *son* el tema. Hablar de la iglesia es lo

mismo que hablar de los ángeles y todo eso que sale en la Biblia." Mike se sentó sobre el sofá. "Te diré algo, querido hermano. Tú quieres que yo cambie. Está bien, te propongo un trato: muéstrame un ángel, muéstrame algo que haya hecho un ángel, algo que yo pueda ver. Si logras hacer eso, prometo convertirme en el Sr. Voy a la iglesia, seré el Sr. Correcto; no volveré a más fiestas, ni llegaré a casa a la madrugada. No más trago...bueno, tal vez un poco de cerveza. Pero sabes lo que quiero decir. Me volveré tan bueno, que podré mudarme de aquí y podrás dejar de preocuparte por mí."

Víctor se quedó mirándolo. "Todo esto te parece muy gracioso, ¿no es así?"

"Estoy hablando en serio," dijo Mike, pero no pudo ocultar una sonrisa burlona.

"Y yo también estoy hablando en serio," le respondió Víctor. "Ésta será la última charla. Si no puedes enderezar tu vida, tendremos que hablar con el juez y resolver esto de una buena vez."

Esa noche, en la cama, Víctor repasó todo lo que había hablado con su hermano. Aún no pensaba abandonarlo. Le había hecho una promesa a su madre, pero más que eso, amaba a Mike. Sin embargo, no sabía si podría ayudarlo, sólo el tiempo lo diría.

Luego pensó en Marion, y, de nuevo, pensó en las mismas palabras: sólo el tiempo podría decirlo. Pero ahora se sentía más optimista en cuanto al futuro de su relación.

Al día siguiente, Víctor revisó el reporte del clima. Aún no se esperaba que comenzaran las lluvias, así que decidió que trabajarían en el techo.

Al llegar con Mike y otros dos empleados, Marion aún no había salido para el trabajo; miraba a su hijo que salía corriendo por la puerta al paradero del autobús. "Hola, Jerry," le gritó Víctor. El chico lo saludó con la mano y siguió corriendo; el autobús paraba a dos cuadras de su casa.

Marion aún estaba junto a la puerta cuando Víctor se acercó.

"Buenos días," le dijo ella.

Víctor le habló en voz baja de manera que los trabajadores no pudieran escucharlo.

"Anoche estabas muy hermosa, pero me parece que ahora te ves aun más bonita."

"Claro, cómo no." Sonrió ella. "A la luz del día, sin maquillaje, debo verme estupenda."

"No sabes cuánto."

Ella hizo una mueca. "¿Quieres café?"

"Dame un segundo, voy a pedirle a los muchachos que empiecen a trabajar. Hoy vamos a comenzar con el techo."

"Ven a la cocina."

Víctor había llevado dos escaleras; había puesto una cerca de la entrada y otra en el frente, hacia el centro de la casa. Después de darles algunas instrucciones a sus hombres, volvió donde Marion.

"¿Y qué hay de mí?" Sonrió Mike burlón. "¿Puedo beber una taza de café con ustedes?"

"Compórtate," le dijo Víctor, sin mirarlo.

Marion estaba sentada con una taza de café en sus manos. Junto a ella había otra taza servida.

"Ésta es una manera genial de empezar el día," dijo él al sentarse. "Me gusta," agregó mientras tomaba su café a sorbos. "Está caliente."

Ella asintió. Víctor se quedó callado. De repente se dio cuenta de que no hacían falta las palabras, bastaba con estar cerca de ella. Podría acostumbrarse a esto, a verla todas las mañanas sentada, tomando su café, sin decir nada, disfrutando del silencio, que lo decía todo.

Luego la vio salir en el auto y la siguió con la mirada hasta que desapareció al doblar la esquina.

"Hermano, estás loco por ella," le dijo Mike.

"No estoy loco, estoy muy cuerdo."

"¡Bien por ti! Pero si algún día te casas con esa mujer y te mudas aquí, quita esa reja horrible."

"Me gustaría hacerlo."

Entre todos empezaron a cubrir el techo con las placas y para el mediodía ya habían avanzado bastante. Mientras los demás tomaban un descanso, Víctor recorrió la casa de lado a lado, revisando un alero. Caminó hasta la escalera y llamó a Mike. "¿Me ayudas a mover esta escalera?"

"¿Qué pasa?"

"Creo que hay un pedazo de madera podrida bajo el alero, justo allí."

Entre los dos, llevaron la escalera hasta el extremo de la entrada y la recostaron contra el muro. Víctor empezó a subir por la escalera, y Mike se alejó un poco para sentarse bajo un árbol. Víctor deslizó su mano sobre la madera y luego se inclinó un poco hacia atrás para alcanzar el borde exterior del alero.

"¡Víctor!" le gritó Mike. "¡Ten cuidado!"

"Creo que tenemos un pequeño problema aquí."

"El verdadero problema es esa escalera. Cuidado no te caigas…"

Y entonces sucedió. Víctor volvió a inclinarse hacia atrás y la escalera empezó a tambalearse. Víctor trató de recuperar el equilibrio y Mike se levantó de un salto, sabía que no alcanzaría a evitar que su hermano cayera, corrió, pero la escalera ya se venía al piso. Mike miró espantado, Víctor estaba cayendo de espaldas, en dirección a las barras de la reja.

Mike volvió a gritar y, de repente, vio algo que no podía creer. Justo antes de que su hermano chocara contra la reja, la dirección de la escalera cambió y el cuerpo de su hermano cayó sobre la entrada de concreto. Parecía como si unas manos invisibles hubieran sostenido su cuerpo y lo hubieran recostado sobre el suelo. Mike corrió hasta Víctor, que ya se estaba sentando.

"¿Qué pasó?" preguntó Víctor.

"¿Sentiste algo?" quería saber Mike.

"No sé qué pasó. Me estaba cayendo, pero luego, cuando vi, ya estaba sobre el piso."

"¿Te lastimaste? ¿Te partiste algo?"

"Estoy bien."

"¿No te duele nada? ¿La cabeza, la espalda?"

Víctor negó con la cabeza. "No," dijo, y se puso de pie.

"¿Aún cargas el ángel de Paula?" le preguntó Mike.

"Sí."

"Creo que esta vez fue el ángel el que te cargó."

Víctor se tocó el pecho, la espalda, y miró perplejo la escalera sobre el piso. Los otros dos hombres se quedaron mirándolo.

Mike tomó a Víctor por el hombro. "Hermano…"

Víctor lo miró.

"Tal vez vaya contigo a la iglesia el próximo domingo," le dijo.

11

El Ángel de Duane

Que Dios bendiga a todos sus ángeles, criaturas de poder, ejecutores de sus órdenes

—SALMOS 103:20

Esa noche, Duane Green estaba en posición de superar su récord de 200 puntos. Pocas veces lograba hacerlo, pues el promedio más alto de su equipo de bolos era de 167. Pero hoy se sentía bien, podría hacerlo. En realidad, el hecho de que anotara más de 200 puntos no era tan importante para su equipo, pues más que competir, lo que a él y a sus amigos les interesaba era pasar un buen rato juntos los viernes por la noche. "Diversión," esa era la palabra clave. El juego de hoy tenía un atractivo adicional: Cindy estaba trabajando. A Duane le gustaba verla, siempre detrás del mostrador de refrescos. Después de cada juego, miraba en su dirección, y cuando lograba hacer moñona cruzaba los dedos, esperando que ella la hubiera visto. Cindy, por su parte, no le era del todo indiferente, y de vez en cuando le regalaba una sonrisa.

Ese día, como siempre, Teddy Kern, su mejor amigo,

se había dado cuenta de las miradas que Duane le lanzaba a Cindy, pero Jack, el hijo de Duane, estaba demasiado pequeño para notarlo. Duane solía llevar a Jack a jugar bolos los miércoles por la noche para que Velma pudiera salir con sus amigas de la escuela.

Duane estaba orgulloso de ella. Había trabajado duro hasta ascender al cargo de administradora de la tienda de videos Top Pick, y ahora ganaba más dinero que él. A Duane no le molestaba, de hecho le alegraba que aumentaran sus ingresos. La vieja idea de que el hombre debe llevar los pantalones en la casa le parecía un poco anticuada...Él llevaba sus pantalones bien puestos, pero no le molestaba que las mujeres también lo hicieran.

¿Entonces por qué estaba coqueteando con Cindy? ¿Por qué esperaba ansioso para verla? ¿Por qué pensaba en ella mientras trabajaba en el carburador del Ford 87 del Sr. Gilmer, o cuando estaba reparando el radiador del Buick 85 de la señora Jackson? ¿Y por qué, antes de Cindy, había coqueteado con Becky, y antes de ella con Eunice?

En realidad, sólo tenía treinta y dos años y tenía sus músculos bien tonificados gracias al trabajo manual en el taller y al levantamiento de pesas. Aún podía volver locas a las chicas, tal como solía hacerlo cuando era corredor de bola del equipo de fútbol de la Wilmington High y después del All-State, durante el último año de secundaria. Así pues que aún conservaba su vieja habilidad para atraer a las mujeres...lo que sucedía era que ahora estaba casado, y tenía un hijo de seis años.

Durante los primeros años de su matrimonio apenas si había mirado a otra mujer. Velma era guapísima, y Duane no tenía ninguna necesidad de fijarse en nadie más. Tampoco ahora tenía por qué hacerlo, pero al cumplir los treinta, había empezado a cambiar la percepción que tenía de sí mismo. No se *sentía* mayor, pero había descubierto unas cuantas canas en su sien y algunas líneas que parecían marcarse en su frente. No quería envejecer.

Todavía se acordaba cómo solía burlarse de las personas mayores. Todas las mañanas veía al viejo Sr. Grange, que sacaba a su perro a pasear por la calle Maple; cojeaba como si temiera que sus piernas fueran a ceder y algunas veces sobrepasaba en su Lhasa al lento autobús escolar para luego hundir sus frenos rechinantes al llegar al semáforo. A Duane nunca le había gustado ese Lhasa, pero lo que más le desagradaba era el modo de andar del viejo Granger.

Eunice casi siempre jugaba bolos con su novio. Lo que más le gustaba a Duane era la manera como le quedaban los suéteres—tenía muchos suéteres. Eunice no debía tener más de dieciocho años, y Duane no tenía intenciones de acercarse a ella. Pero eso no quería decir que no la mirara, incluso se había presentado y no desperdiciaba nunca una oportunidad para hablarle.

Becky, por su parte, era mayor. La primera vez que la había visto, había sido un viernes en la noche. Ella jugaba en el equipo que representaba al vivero y la tienda de regalos Rogers y siempre llevaba una falda amarilla corta y un abrigo rojo. Jugaba con una bola verde, hecha a su medida. Él se había presentado y había ido un par de veces con ella a la taberna Cowan's, cerca del parque Lakeland.

Luego llegó Cindy, y él se olvidó de Becky. La descubrió desde la primera noche que ella empezó a trabajar ahí. Sin duda, era una de las mujeres más hermosas que había visto en toda su vida; tenía el cabello castaño, largo y ondulado, cejas pronunciadas, labios gruesos y un cuerpo increíble. ¿Por qué estaba una chica como ella trabajando allí?

Él siempre le compraba café y tras unas cuantas semanas de conversar con ella frente al mostrador, había logrado establecer un primer contacto, hasta que una noche, la había invitado a tomarse unos tragos y ella había aceptado.

Al cruzar la entrada de la taberna Cowan's con Cindy, se había sentido un poco culpable. No había tenido esa sensación cuando había estado allí con Becky, ¿por qué entonces ahora sí sentía cierto remordimiento al entrar acompañado por Cindy?

Después de que les sirvieron las cervezas, Duane se inclinó hacia ella y le dijo: "¿Sabes que soy casado, no es así?"

Ella sonrió. "¿Cómo podría saberlo?"

"Me has visto con mi hijo los miércoles."

Ella se encogió de hombros. "Nunca me preguntas por él," comentó Duane.

"No es asunto mío."

"¿No te importa que sea casado?" le preguntó. "¿Acaso sueles salir con hombres casados?"

Ella encendió un cigarrillo. "Mira, si estás preocupado por cuestiones de moralidad, debes decidir por ti mismo si lo que estas haciendo es correcto o no."

"Tan sólo tenía curiosidad."

"¿Por qué no vienes aquí con tu esposa?"

"Ella no vendría."

"¿Por qué no?"

"Ella no bebe."

"Me parece admirable."

Él asintió. "Es una buena mujer. Tal vez demasiado buena." Él se quedó mirando su vaso; jugueteaba con él dándole vueltas sobre la mesa. "A veces quisiera que volviera a ser como era antes de que nos casáramos. Salíamos a muchos lugares, hacíamos muchas cosas juntos. Estábamos en la misma onda, ¿sabes? Y aún lo estamos, pero poco después de que naciera Jack, se hizo miembro de la iglesia bautista. No le molesta que me tome un trago de vez en cuando, pero no vendría a un lugar como éste."

Cindy apagó su cigarrillo. "Si fuera tú, me aferraría a ella. Es difícil encontrar a una buena mujer."

"¿Qué me dices de ti?" le preguntó Duane. "¿Estás casada?"

"No."

"¿De dónde eres?"

Ella tomó un sorbo de su cerveza. "Cincinnati."

"Está bastante lejos."

"Mi hermana vive aquí."

Cindy se quedó callada por un momento, y entonces él dijo: "Pareces una modelo. No es común ver a una mujer tan hermosa como tú trabajando en el Southside."

"Mi hermana es amiga de la esposa del dueño." Entonces tomó otro sorbo de su cerveza, y empezó a contarle sobre su pasado. Había querido ser modelo profesional, pero le habían dicho que sus atributos eran demasiado voluptuosos. Así que le habían ofrecido posar para catálogos de ropa interior y de vestidos de baño. Pero luego de un par de fotos se había dado cuenta de que querían que hiciera algo más que simplemente posar frente a la cámara. Así que había dejado aquel empleo y había terminado trabajando en algunas tiendas y como presentadora de espectáculos. En uno de ellos había conocido a Lex.

Lex era todo un conquistador, y no ocultaba su atracción por las mujeres; era apuesto, hablaba con mucha desenvoltura, usaba ropa llamativa y dejaba que todos los gastos corrieran por su cuenta. Tenía un gran poder de convencimiento, ella terminaba accediendo a todo lo que él le pedía antes de saber siquiera a qué se estaba comprometiendo. Su vida con él había sido un infierno.

"Permanecí a su lado demasiado tiempo." Ella ordenó otra cerveza y rió con la voz entrecortada.

"Vine aquí para recuperarme, para rehacer mi vida; no quiero volver a tener ninguna relación seria por ahora."

Entonces lo miró. "Sí, sabía que eras casado, es precisamente por eso que no tengo ningún problema en salir contigo, porque tú y yo no tenermos ninguna posibilidad de establecer una relación amorosa. Podemos ser amigos, si tú quieres. Necesito alguien con quien hablar aparte de mi hermana...pero no puedo salir con un hombre soltero. No por ahora, ni por mucho tiempo."

Después de aquella noche, Duane no volvió a sentirse culpable por salir con Cindy. La atracción física que sentía por ella no había desaparecido, pero ahora que Cindy le había impuesto límites, él ya no se sentía tenso. Anhelaba volver a verla, pensaba en ella, su presencia le resultaba estimulante, pero las miradas que se lanzaban entre sí y las sonrisas secretas no eran más que una forma de alegrar su rutina.

Las noches que iba al boliche seguían un patrón.

Los miércoles llevaba a Jack, y sólo conversaba breve-
mente con Cindy mientras compraba los refrescos. Los
viernes era "la noche con los chicos." Duane pasaba
más tiempo junto al mostrador y luego esperaba hasta
que cerraran el boliche para ir con Cindy a Cowan's.
Hablaban, reían y a veces se tomaban de la mano. Ella
disfrutaba cuando él le relataba sus días de gloria en
el equipo de fútbol. Y él se emocionaba al oírla recordar la primera vez que había estado detrás del came-
rino haciendo los arreglos de último minuto para su
vestido, justo antes de salir al escenario. Cuando la
llevaba a casa, ella nunca trataba de prolongar el momento de la despedida ni lo invitaba a entrar a su
casa.

Esa noche que estaba a punto de superar su récord,
sabía que una moñona le daría dos oportunidades más,
y si acertaba en ellas tendría 227 puntos. Miró una
vez más en dirección a Cindy para cerciorarse de
que ella lo estuviera observando, se movió a propósito
para tomar su bola y quedar frente al tablero de los
puntajes. Tenía una bola azul de dieciséis libras y, a diferencia de la mayoría de los jugadores, Duane prefería
que fuera de dos y no tres agujeros. La otra peculiari-
dad de su juego era que en lugar de dar cuatro pasos
antes de lanzar la bola, sólo daba tres. Se concentraba
en un espacio entre el bolo número uno y el número
tres, luego se acercaba rápidamente y soltaba la bola de
manera que el contacto de la bola con el suelo no producía casi ningún sonido. En ese momento lanzó la
bola, que rodó rápidamente y luego empezó a golpear
entre el uno y el tres y derrumbó los otros bolos en
todas las direcciones.

¡Moñona!

Teddy dejó escapar un grito, Cindy sonreía. Duane

tenía dos turnos más, y entonces supo que vencería su récord, y así fue.

"¡Qué gran juego!" le dijo Teddy. Otros miembros del equipo también lo felicitaron. "¿Vamos a tomar un par de cervezas a Cowan's?" preguntó Teddy.

"Tal vez más tarde," le respondió Duane.

Teddy levantó las cejas. "¿Saldrás con Cindy de nuevo? Ten cuidado, amigo."

"Ya te lo dije. Tan sólo somos amigos."

Pero Teddy no le creía. "Claro, como tú digas." Él se alejó y entonces Duane se acercó al mostrador.

"Batí mi récord," dijo, mientras Cindy se quitaba el delantal.

"Vamos."

"¿Acaso no tienes que cerrar?"

"Le pedí a Nate que me dejara salir temprano hoy. De cualquier forma, éste es el último viernes que trabajo aquí."

De camino a Cowan's, Cindy estaba muy callada. Duane quería hablar sobre su juego, pero la actitud de Cindy lo obligaba a guardar silencio.

Al llegar a Cowan's, ella seguía extraña. Generalmente hablaban con tranquilidad y reían mucho, pero esa noche ella parecía preocupada.

"¿Qué es eso de que ya no vas a trabajar los viernes por la noche?"

"De aquí en adelante voy a tomarme los viernes libres," dijo ella. "No tendrás que esperar hasta el cierre del boliche para verme."

"Siempre te veo antes de que cierren."

"Me refiero a que podemos venir aquí más temprano. De todas maneras," dijo ella mirándolo fijamente, "¿no crees que a tu esposa le gustaría que llegaras más temprano a casa?"

"Velma sabe que necesito mi propio espacio los viernes por la noche. Ella tiene una noche a la semana para salir y yo tengo la mía."

"¿Ella sabe lo que haces?"

"Sabe que voy a jugar bolos, y que vengo a Cowan's a relajarme."

Cindy dejó escapar una sonrisa burlona. "Así que es tan sólo una noche más con tus amigos."

Después de decir eso, no volvieron a hablar, hasta que él le propuso que bailaran. Ella negó con la cabeza.

"Vamos, debo ir a casa," agregó Cindy.

Tampoco hablaron en el auto. Él no tenía idea qué andaba mal, pero no quería preguntárselo. Cuando él se detuvo frente a su casa, Cindy vaciló antes de bajarse. Se quedó sentada, mirando el tablero del auto, con la mano en la manija de la puerta.

"¿Qué sucede?" le preguntó Duane finalmente.

Ella lo miró. "Mi hermana piensa que no debo seguirte viendo."

"¿Por qué?"

"No le parece que sea...sano."

"¿Acaso no sabe que sólo somos amigos?"

"Ella no cree que un hombre y una mujer puedan mantener una amistad."

"Pero nosotros no somos más que amigos."

Ella se quedó callada por un momento y luego dijo: "Mi hermana dice que si amaras a tu esposa no querrías seguirme viendo."

"¿No me dijiste alguna vez que lo que pasara con mi esposa era asunto mío? ¿Que si yo no me sentía incómodo al salir contigo, tú tampoco te sentirías mal?"

Ella asintió.

"¿Así que cuál es el problema?"

Ella lo miró un largo rato y cuando él menos lo esperaba, se inclinó hacia él y presionó sus labios con fuerza contra su boca; en ese instante Duane se sintió sacudido por una descarga de electricidad. Ella se separó de él y rápidamente bajó del auto antes de que él pudiera moverse o decirle algo. Duane la vio correr hacia la casa; seguía aturdido, incapaz de moverse. Despacio, puso el auto en marcha y mientras se dirigía a su casa, sus pensamientos viajaban mucho más rápido que el sonido de su motor.

Al llegar a casa, encontró a Velma sentada en la cama leyendo un libro. "Llegaste temprano. ¿Cómo estás?"

"Batí mi récord: 227."

Ella asintió. "¿Puedes echarle un vistazo a Jack? Estaba tosiendo y tuvo fiebre por la tarde. Le di una aspirina."

Duane caminó por el corredor hasta el cuarto de Jack. La lamparilla estaba encendida y Duane notó que su hijo respiraba con dificultad. Se acercó a Jack y le tocó la frente; estaba caliente. Duane regresó a su habitación.

"Creo que aún tiene fiebre. ¿Ya le tomaste la temperatura?"

Velma asintió. "Tenía 101."

"Creo que ahora tiene más. Voy a despertarlo."

"Preferiría que no lo hicieras. Le costó mucho quedarse dormido."

"Voy a revisar cuánto tiene."

Tomó el termómetro y levantó suavemente a Jack por los hombros. Velma se quedó mirándolos desde la entrada del cuarto.

Jack dijo algo entre dientes y abrió sus ojos. "Papá, ¿qué pasa?"

"Vamos a tomarte la temperatura." Duane puso el

termómetro debajo de su lengua. Velma se acercó y tocó su frente.

"No parece estar más caliente que antes," dijo ella.

El termómetro marcaba 102.8. "Démosle un poco más de aspirina," dijo Duane.

Y entonces le dio a tomar dos aspirinas. Jack se las tragó rápidamente. "¿Puedo tomar más agua?" preguntó el niño y Duane le llenó el vaso una vez más. Después de que bebió toda el agua, Duane lo metió con cuidado bajo las cobijas.

"No quiero taparme," dijo Jack.

"Esta haciendo mucho frío. Dormirás con las cobijas," le insistió Duane mientras acariciaba su hombro.

Al regresar a su cuarto, Duane le dijo a Velma: "Si mañana continúa con fiebre será mejor que lo llevemos al hospital."

Velma asintió. "Hay una gripe por ahí. Emma pasó todo el jueves en cama. Hoy me llamó por teléfono y empezó a toser tanto que tuvo que parar de hablar."

Duane sonrió con un tono de burla. "Debe ser muy duro para ella."

"Era evidente que no se sentía bien."

"Lamento mucho que esté enferma."

En la cama, con las luces apagadas y las manos atrás de la cabeza, Duane trataba de revivir el beso que le había dado Cindy. Ese beso hacía que todo fuera diferente; lo más irónico era que él no había hecho nada. Nunca le había insinuado nada a Cindy; le agradaba estar con ella y evidentemente el hecho de que fuera hermosa hacía que su interés fuera mayor. Pero ella había puesto las reglas del juego y su relación no había pasado de unas cuantas charlas y risas en el bar. Él podía hablar con Teddy, pero sus conversaciones con Cindy eran más estimulantes. Le gustaba mucho tener una mujer con quien hablar y ya no lograba conversar con Velma como lo hacía antes. Ella no iba al bar y ni siquiera bailaba. Era como si cada uno tuviera una vida por separado. Se sentía bien al saber que a los treinta y dos aún podía atraer a una mujer bonita, y con Cindy podía conversar sin necesidad de sentirse culpable.

Hasta esa noche. Ese beso era una advertencia: si seguía por ese camino, terminaría cargando con una enorme carga de culpa y de dolor. Así que no tenía que pensarlo dos veces, la decisión estaba tomada: amaba a Velma y a Jack y no haría nada que pusiera en peligro su familia.

"Duane," le dijo Velma suavemente.

"¿Sí?"

"¿No puedes dormir?"

"¿Cómo supiste que no estaba dormido?"

"Porque no te estabas moviendo."

"¿Me muevo cuando estoy dormido?"

"Te das vuelta una y otra vez, hasta que encuentras una posición cómoda y entonces te quedas dormido profundamente."

"No tengo sueño."

"¿Estás pensando en tu juego?"

"Oh, sí."

"Me gustaría haberlo visto."

"Habrías podido hacerlo."

"El viernes es tu noche con los chicos."

"Ya casi no hacemos nada juntos."

Hubo un silencio, hasta que después de un momento, Velma le dijo: "Lo siento, Duane. Pero es que siempre termino muy cansada al salir del trabajo. Nunca tenemos suficiente personal en la tienda."

"Podríamos salir los sábados por la noche."

"Ya hemos hablado sobre eso."

"Lo sé, lo sé. No puedes quedarte despierta hasta tarde porque tienes que levantarte temprano el domingo para ir la iglesia."

"Podríamos ir juntos a la iglesia."

Él se quedó callado. "Mejor no discutamos sobre eso."

"Pero a Jack le gusta ir a la catequesis. Y al ver a los otros niños con sus padres, él siente que tú no lo acompañes."

"No me gusta la iglesia. Lo sabes desde antes de que nos casáramos."

"Pero ahora las cosas son diferentes."

"¿Lo dices por Jack? A mí no me importa que tú le metas en la cabeza esas ideas de la Biblia. Si quieres, háblale sobre milagros y ángeles y todo lo demás, pero déjame fuera de eso. Mi mamá me molestó y me insistió tanto con el tema de la iglesia, que ya tuve suficiente para toda la vida."

"Está bien, Duane, de cualquier manera seguiré rezando por ti todas las noches."

"Mi madre también lo hacía," le dijo Duane con sarcasmo.

Después de eso, Velma se dio vuelta y se quedó en silencio. Duane cerró los ojos, pero sus pensamientos lo hacían volver una y otra vez a Cindy y a sus labios. Cayó dormido, y sus sueños reemplazaron a sus pensamientos. Ahora, el escenario ya no era su auto sino un avión; volaba con Cindy en una nave privada sobre las montañas, y Cindy señalaba emocionada paisajes increíbles desde el aire. De repente, ella se daba vuelta, lo tomaba en sus brazos y lo besaba, haciéndole perder el control del avión. La nave empezaba a caer, pero ella no lo soltaba; él trataba de apartarse de ella, y, de repente, la ventanilla se rompía y un viento frío lo golpeaba en la cara. Finalmente lograba soltarse, pero ya era demasiado tarde. El avión se precipitaba a toda velocidad contra la nieve y el frío lo entumecía, justo antes de estrellarse contra el piso.

Al chocar abrió sus ojos. La cobija se había amontonado a un lado de la cama y él tenía frío; se estiró para halarla y cubrirse de nuevo, pero en ese momento escuchó la tos de Jack, una y otra vez. Se levantó y fue al cuarto de su hijo, que estaba sentado en la cama y aún tosía.

"Oye, está haciendo mucho frío como para que estés descubierto."

"Tengo calor."

Duane le tocó la frente. "Voy a tomarte la temperatura de nuevo."

Cuando estaba poniéndole el termómetro bajo la lengua, Velma se asomó por la puerta. Él miró el termómetro, marcaba 103.1. "Démosle un poco más de aspirina," dijo él.

Después de que Jack se tomó la pastilla, Duane volvió a cubrirlo con la cobija. "Mañana irás al doctor."

"Mañana estaré bien," le respondió Jack.

"Irás al médico."

"Yo no quiero ir al doctor."

A ti te gusta ir donde el Dr. Hudlow."

Jack hizo una mueca. "¿Va a ponerme una inyección?"

"No lo sé."

"Mañana ya no tendré fiebre. Ya lo verán."

Al volver a su cuarto, Duane le dijo a Velma: "Él nunca se enferma."

"Tiene que ser una gripe."

"No debí llevarlo el miércoles al boliche."

"Pudo contagiarse en cualquier lugar."

"Pero esa noche él no se sentía bien. Debí quedarme en casa con él."

"Yo tampoco debí salir con las chicas esa noche."

Él acomodó mejor las cobijas. "Trabajas muy duro; necesitas esa noche para descansar. Yo, en cambio, no tengo que jugar boliche los miércoles, con los viernes es suficiente."

"A Jack le gusta ir al boliche contigo," dijo Velma. "Le gusta estar con su padre."

"Podemos hacer otras cosas juntos." Duane miró el techo oscuro, y luego con una voz casi inaudible agregó. "Realmente quiero a ese chico."

Al día siguiente, revisaron la temperatura de Jack antes de que se levantara. Casi no tenía fiebre.

"Les dije que no tendría fiebre," afirmó Jack.

"Lo sé," le dijo Duane al mirar el termómetro, aliviado.

"Mami, ¿puedo corner pancakes?"

Velma sonrió. "Está bien."

"¿Puedo ir a casa de Andy esta tarde?"

"Creo que es mejor que te quedes aquí."

"No estoy enfermo."

"Aún tienes un poco de fiebre."

Después de terminar el desayuno, Duane dijo: "Los huevos y los pancakes estaban deliciosos."

"Sí, mamá ¿por qué sólo podemos comer pancakes los sábados?"

"Porque el sábado es el único día que no tenemos que desayunar a toda prisa."

"Podríamos desayunar pancakes los domingos también."

Ella sonrió. "Si nos levantáramos más temprano quizá, pero siempre salimos corriendo para no llegar tarde a la iglesia."

"Tal vez papá pueda hacer los pancakes mientras tú te arreglas para salir," dijo Jack, "ya que él no va a a a la iglesia."

Velma le lanzó una mirada a Duane, que a su vez miró a Jack. "Quizá lo haga un día de éstos."

"¿Harás pancakes?" le preguntó Jack.

Duane sonrió con un dejo de burla. "No…iré a la iglesia."

"Papi, deberías ir. Aprendes un montón de cosas geniales, como el domingo pasado, cuando el pastor estaba contando cómo un ángel sacó a Pedro de la cárcel. Él dijo que el ángel había hecho que las cadenas de Pedro se desataran y que luego abrió las puertas para que Pedro pudiera salir. ¿Te acuerdas, mami?"

Ella asintió.

Jack continuó. "Pero fue gracioso lo que dijo el pastor…que Pedro no sabía si el ángel era real. Él dijo que Pedro pensó que había sido una visión. ¿Por qué no sabía si el ángel era real?"

"No sé mucho sobre ángeles," dijo Duane, "pero hay personas que tienen sueños y creen que ven ángeles. Probablemente Pedro tuvo un sueño."

"Pero papá, Pedro pudo salir de la cárcel. El ángel tenía que ser real."

Duane se encogió de hombros. "Tal vez sí era real."

"Los ángeles pueden aparecer en los sueños, y al mismo tiempo ser reales, ¿no es así?" preguntó Jack.

Duane miró a Velma, perplejo, y ella sonrió. "Quizá papá sabría más sobre los ángeles si empezara a ir a la iglesia."

Duane miró su reloj. "Tengo que ir a trabajar en la transmisión del Sr. Macklin; necesita que se lo entregue el lunes." Le dio un beso a Jack y luego se acercó a Velma. Al inclinarse para besarla tuvo de repente la visión de otro rostro, y entonces le dio un beso rápido y leve.

Trabajó toda la mañana en la transmisión, pero no lograba dejar de pensar en la noche anterior y en los labios de Cindy. Poco antes del mediodía, se lavó las manos e hizo una llamada. Rápidamente reconoció la voz.

"¿Cindy?"

"Sí…¿Duane?"

"Tendré que seguir trabajando aquí en el garaje toda la mañana."

"¿Estás trabajando horas extras?"

"Estoy cumpliendo la promesa que le hice a un amigo." Los dos se quedaron callados y el silencio se prolongó hasta parecer eterno. Finalmente, él logró articular algo. "Sobre lo que pasó anoche…"

Se produjo otro silencio. Esta vez fue ella la que dijo: "¿Sobre lo que pasó anoche…?"

"La noche terminó de una manera…extraña."

"Me temo que perdí el control," se explicó ella.

"Yo también."

"¿Entonces qué pasará de aquí en adelante?"

"¿Qué quieres que pase?"

"No lo sé."

"Lo que sucede es que" le dijo él, "ese beso nos deja en otro terreno. Y no es ahí donde quiero estar."

"¿Ah?" La voz de Cindy sonó débil.

"Tú diste las coordenadas desde el principio, estábamos en un lugar llamado Amistad, y yo me acostumbré a vivir en él. Pero me temo que ese beso era el boleto de partida de nuestro pueblo."

"¿Y no quieres subirte al autobús para conocer un lugar nuevo?"

"Me gusta mi pueblo viejo," le respondió él. "Creo que es mejor que el autobús parta sin mí."

Él esperaba ansioso su respuesta, pero ella no le contestó inmediatamente. Por fin, dijo: "Lo entiendo."

"Adiós," dijo Duane. Ella no respondió nada y él esperó hasta que escuchó que ella colgaba.

Hacia la mitad de la tarde, él estaba a punto de terminar su trabajo cuando sonó el teléfono. Esperaba que no fuera Cindy.

"Tiene fiebre, de nuevo." Velma sonaba angustiada.

"¿Qué tan alta?"

"Tiene casi 104 grados."

"¿Llamaste al Dr. Hudlow?"

"Voy a llevar a Jack a su consultorio. ¿Puedes encontrarte con nosotros allá?"

"Allá nos vemos."

Duane estaba muy preocupado. Mientras conducía hacia el consultorio, trataba de recordar las otras oportunidades en las que Jack había tenido fiebre. Cuando estaba muy pequeño, algunas veces su temperatura subía hasta 104 y luego volvía a bajar de una manera súbita, aparentemente sin causarle efectos perjudiciales. Pero Jack ya no era un bebé, nunca se enfermaba, y el hecho de que tuviera una fiebre tan alta podía significar malas noticias.

La actitud del Dr. Hudlow no era alentadora. Después de examinar a Jack, dijo: "Creo que es mejor llevar a Jack al hospital."

Duane no podía creerlo. "¿Qué tiene?"

"Aún no estoy seguro, pero creo que se trata de una infección aguda de las vías respiratorias."

"¿Por la gripe?"

"Tal vez. Pero tenemos que hacerle varios exámenes. Me sentiría más tranquilo si estuviera en el hospital."

"Pero él se sentía tan bien esta mañana…" dijo Velma.

"¿Anoche tuvo fiebre?"

"Sí."

"¿Y estaba tosiendo?"

"Sí, pero le dimos una aspirina y se quedó dormido; hoy por la mañana se sentía mucho mejor."

El Dr. Hudlow asintió. "Bueno, en primer lugar, no le den más aspirina. Creí que les había dicho que con cualquier fiebre de causa desconocida es mejor tomar acetaminofén en lugar de aspirina."

"¿Usted cree que la aspirina le hizo daño?"

"Lo observaremos con cuidado. Quizá pueda regresar a casa en un par de días. Llamaré al hospital para dejar todo arreglado."

Esa noche, en el hospital, Jack se puso muy enfermo del estómago. Al día siguiente estuvo todo el tiempo acostado, desanimado, sin ganas de hablar. Su fiebre había bajado, pero Duane estaba preocupado, pues Jack parecía desorientado, incapaz de concentrarse, no respondía a sus preguntas, ni a sus comentarios. Duane podía advertir la preocupación de Velma al ver las líneas alrededor de su boca y de sus ojos. El doctor no podía decirles nada nuevo, sólo les repetía que estaban haciendo más exámenes. Esa noche, Duane se quedó con Jack.

Trataba de encontrar una posición cómoda sobre el almohadón de la silla al lado de la cama de su hijo, cuando, a las 2:20 vio que Jack estaba sentado, con la cabeza estirada hacia arriba, como si estuviera mirando hacia un lugar distante a través del techo. Estaba sonriendo, movía su cabeza para adelante y para atrás y sus ojos cambiaban de dirección como si enfocaran visiones maravillosas. Duane se acercó rápidamente y lo tomó por los hombros.

"Jack…"

En ese momento el niño volvió a hundir su cabeza sobre la almohada.

"¿Jack, te encuentras bien?"

Jack parecía percibir por primera vez a su padre. "Hola, papá."

"¿Qué pasa, hijo?"

Jack cerró los ojos por un momento y luego volvió a abrirlos.

"Ángeles, vi a los ángeles."

"¿Dónde?"

"Allí estaban, me cantaban. Cantaban como lo hacían con el niño Dios. Me sentí tan bien."

Duane acarició la cabeza del pequeño. "Estabas soñando."

Jack cerró los ojos y pareció quedarse dormido de nuevo. Duane lo observó durante un largo rato y luego se sentó en la silla. Mientras trataba de dormir un poco, deseó que Jack tuviera ángeles de la guarda que lo protegieran y le cantaran.

Al día siguiente, Jack parecía estar aun más aletargado y desorientado. Le costaba trabajo recordar las cosas. Por la tarde, el doctor habló con Duane y con Velma.

"Los resultados de los exámenes indican que se trata del síndrome de Reye."

"¿Qué es exactamente?" le preguntó Duane.

"Es una enfermedad poco común. Se caracteriza por disfunciones cerebrales y, en algunos casos, lesiones en el hígado. No he visto que Jack tenga ninguna señal de problemas hepáticos. El síndrome evoluciona con los síntomas que hemos visto, vómito, letargo, pérdida de la memoria y desorientación."

"¿Qué lo causa?"

"Aparece tras una infección de las vías respiratorias, como la gripe o el sarampión. Como les dije, es muy poco común."

"¿Entonces por qué lo tiene?"

El doctor vaciló. "Algunas veces, el síndrome de Reye está asociado con la ingestión de aspirina para aliviar una infección viral."

Duane se quedó inmóvil. Velma estaba a punto de llorar. "Pero no pasa muy a menudo. Éste es un caso muy inusual. Le estamos dando mannitol. Si su hígado llega a presentar alguna lesión, podemos hacerle una diálisis."

"Doctor Hudlow," a Duane le costaba hablar. "¿Está tratando de decirnos que la vida de Jack corre peligro?"

El doctor vaciló de nuevo. "Para serles franco, existe la posibilidad de que nunca se recupere."

"¿Qué tan alta es esa probabilidad?"

"Yo diría que está cerca del diez por ciento. Pero eso significa que tenemos un noventa por ciento de probabilidades de recuperación." El doctor trataba de sonar esperanzador. "El panorama no es tan oscuro como solía ser antes."

Velma empezó a hablar como si cada palabra fuera tan frágil como una cáscara de huevo. "¿Quiere decir que Jack podría morir?"

"Es lo menos probable, Sra. Green. Sólo esperemos que no tenga ningún ataque."

Jack tuvo su primer ataque esa noche. Velma lo estaba cuidando, y llamó a la enfermera, llena de pánico.

Poco después, un médico y otras enfermeras comenzaron a atenderlo. Al día siguiente el tono del médico era más serio.

"Puede entrar en coma," dijo.

"¿A qué se refiere?" le preguntó Duane.

"A que su ritmo cardíaco puede haberse alterado; su respiración puede haber sufrido también, y tenemos que estar alerta pues cualquier ataque serio puede provocarle un daño cerebral."

Duane y Velma se miraron descorazonados. Duane la abrazó y ella empezó a sollozar. Ese día, Jack abrió los ojos, y habló con sentido. "Volví a verlos," dijo, "a los ángeles…estaban sentados en círculo y me decían que me uniera a ellos."

Duane trató de sonreír. "¿No volvieron a cantarte?"

"No esta vez."

"¿Cómo son?" le preguntó Duane.

"Como nosotros, como las personas."

"¿Cómo sabes que son ángeles?"

"Porque no suenan como nosotros." Jack cerró los ojos y su cabeza descansó sobre la almohada. Duane esperaba poder mantenerlo despierto un poco más.

"¿Cómo suenan?"

Los labios de Jack se movieron despacio, como si hablara desde una gran distancia. "Su voz suena dulce."

Duane notó que su hijo respiraba profundo, y entonces buscó la mano de Velma; ella apretó la mano de su esposo con fuerza.

Jack no volvió a recuperar la conciencia durante el resto del día. Esa noche, Duane se levantó, exhausto, para ir al baño. Allí se miró en el espejo y se echó un poco de agua en la cara. Mientras se secaba con un pañuelo de papel, entró un hombre y empezó a lavarse las manos. El señor llevaba el uniforme blanco habitual y se veía cansado. Después de un momento, Duane lo miró.

"¿Tuvo una noche difícil?" le preguntó.

"No tan difícil como la suya," le contestó el hombre.

"¿Acaso conoce a mi hijo, el paciente de la habitación 712?"

"Lo conozco."

Duane nunca había visto al camillero, y tenía curiosidad. "No recuerdo haberlo visto."

El hombre sonrió. "Su hijo me ha visto."

"¿Lo vio hoy?"

"Sí, él estaba despierto."

"Él estuvo despierto con nosotros un rato, pero eso fue todo. Supongo que despertó después, mientras nosotros fuimos a almorzar a la cafetería. ¿Fue en ese momento que usted pasó por su cuarto? ¿Fue en ese momento que usted lo vio?"

El hombre asintió. "Jack me vio, él no quiere que ustedes estén preocupados."

"¿Él le habló?"

"Él quiere que sepan que él estará bien."

"¿Le mencionó algo acerca de los ángeles?"

El hombre sonrió. "No."

"Él cree verlos. Me alegra que haya podido verlo a usted, a alguien real."

"¿Usted lee la Biblia, Sr. Green?"

"No mucho."

El camillero se estaba secando las manos. "La enfermedad es como una prisión y en ocasiones ocurre un milagro, se rompen las cadenas y las puertas de la celda se abren y el prisionero puede caminar hacia la libertad."

"Mi hijo mencionó la historia de un ángel que rescató a Pedro de la prisión. Escuchó al pastor predicando sobre ello."

El hombre miró a Jack con aire de gravedad. "Su hijo tiene mucho qué contarle. Usted debería escucharlo," y salió del baño.

"¡Espere!" le gritó Duane corriendo hacia la puerta. Al abrir la puerta vio que el corredor estaba vacío. Al otro extremo vio a un médico, pero no había ningún camillero. Duane cerró la puerta y se recostó contra la pared. Algo en el camillero lo inquietaba. Ese asunto de que la enfermedad era como una prisión, ¿querría decir que Jack podría ser rescatado de la prisión de la enfermedad por un ángel que rompiera sus cadenas y abriera la puerta de la celda, como sucedió con Pedro?

Todo no era más que una coincidencia. Daba la casualidad de que el camillero había visto a Jack cuando Duane no estaba en el cuarto y Jack se había despertado justo cuando él pasaba por allí. Así como también era una coincidencia que el camillero acabara de citar el mismo pasaje de la Biblia que Jack les había contado a ellos. Pura coincidencia.

Pero había algo más en el camillero que lo inquietaba. ¿Cómo sonaba su voz? No lo recordaba ¿áspera, ronca, aguda? No lograba acordarse.

¿Dulce? ¿Una voz que sonaba dulce? No…pero en realidad a Duane no se le ocurría ningún otro adjetivo que pudiera describirla. Y, entonces, de repente, Duane empezó a reír. No debía reír, su hijo corría peligro. ¡Pero su hijo no moriría! Lo sabía con la misma certeza con la que sabía algo más: había visto a un ángel.

12

El Ángel de Bob

De pronto se presentó el Ángel del Señor y la celda se llenó de luz

—<small>Hechos de los Apóstoles</small> 12:7

Bob Martin no creía en ángeles, ni siquiera después de que en una ocasión, veinte años atrás, se hubiera salvado misteriosamente de un sujeto que había entrado de repente a su cabina de locución en la estación de radio y lo había golpeado varias veces en la cabeza contra la pared. Sin embargo, once años más tarde, en 1982, ocurrió algo que lo hizo volver a pensar en aquel domingo lluvioso de 1971. ¿Dos veces? ¿Acaso había recibido la visita de un ángel de la guarda en dos oportunidades?

Todos los domingos, Bob tenía el turno de la mañana, conocido por sus colegas como "el gueto religioso," pues era el locutor con menos experiencia. La programación del domingo por la mañana en la pequeña estación radial de Jeffersville, Illinois, era una mezcla de sermones y de música religiosa, además de una gran cantidad de anuncios que pedían el apoyo y las donaciones de los oyentes. Bob había terminado esa primavera su segundo año universitario, y ahora planeaba trabajar un año para ahorrar el dinero suficiente para estudiar en la Southern State University. Quería estudiar locución y pensaba que esta experiencia en la WJFV se vería bien en su hoja de vida.

Su padre se había pensionado hacía poco, después de trabajar como empleado administrativo en la embotelladora local de Coca-Cola, y Bob tenía que hacerse cargo de sus gastos; no sólo necesitaba dinero para la universidad, sino también para pagar el Ford Fairlane que le había comprado a Norman Ross, un amigo que se había graduado con él de la secundaria y que ya estaba estudiando en la SIU.

Poco después de comenzar a trabajar como locutor, Bob había aprendido los detalles del funcionamiento de una pequeña emisora de radio. Allí todos hacían más de un trabajo. Además de presentar los programas al aire, Bob cumplía las funciones de "administrador de tráfico," pues tenía que preparar el material necesario para los programas del día siguiente y dejarlos listos, junto con los textos de presentación de los programas. Esto hacía que tuviera que quedarse trabajando hasta muy tarde todos los días; el sábado era su único día libre. Los domingos tenía que abrir la estación al amanecer, junto con el ingeniero de sonido, Bill Radley.

En esto, la emisora WJFV se diferenciaba de muchas estaciones que contrataban a locutores que sabían manejar tanto el micrófono como los equipos. Al empezar sus operaciones en 1947, la WJFV había seguido la tecnología de la época, que decretaba una cabina de control separada de la cabina del locutor, desde la que el ingeniero ponía los discos y los comerciales que le indicaba el locutor. La estación todavía mantenía esta práctica en 1971.

Un domingo lluvioso de agosto, Bob Martin se alegró de que la estación aún funcionara así.

La madre de Bob había sido una bautista creyente toda su vida, mientras que su padre había sido formado como metodista. Bob, por su parte, había entrado a la comunidad bautista desde los nueve años. Había oído hablar de los ángeles toda su vida, pero no creía mucho en ellos. Para él, no eran más que un dato curioso de la Biblia; eran mencionados tanto en el Antiguo como en el Nuevo Testamento y Bob sabía que frecuentemente aparecían en los sueños. Eran mensajeros, pero a veces también llevaban a cabo otras órdenes de Dios, así como el ángel que había impedido que Adán y Eva regresaran al Paraíso. ¿Cómo eran los ángeles? Para Bob, esa pregunta aún carecía de respuesta. ¿Tenían alas? La Biblia no era muy específica al respecto, pero podían parecerse a los seres humanos, e incluso tomar una forma material, como el ángel que se había enfrentado a Jacob.

Pero la madre de Bob se refería a menudo a otra tarea de los ángeles, la de proteger la vida de aquéllos que enfrentaban graves peligros. Bob sabía que algunas personas creían que cada cual tiene un ángel de la guarda, y varios de los sermones de los domingos hablaban de ello como si se tratara de un hecho real. Pero los pastores que hablaban sobre los ángeles se referían con la misma propiedad a la existencia de los demonios, y a Bob le costaba aun más trabajo creer en esa idea. Le parecía que los demonios eran un vestigio de tiempos remotos en los que la gente era mucho más supersticiosa. La Biblia mencionaba a los demonios, por supuesto, pero Bob prefería interpretar esto como algo característico de la visión del mundo que prevalecía en esa época remota. Así que Bob no estaba de acuerdo con el concepto de los demonios y se declaraba neutral respecto al tema de los ángeles.

Tenía que hacer un esfuerzo enorme para levantarse cuando el despertador sonaba a las 5:00 a.m. Ni siquiera una película genial, *The French Connection,* en su primera cita con una nueva chica, lo había hecho desistir de leer en la cama. Sin duda, Gene Hackman merecía un Oscar por la película. Pero esa cita... estaba lejos de ser digna de un premio. A él no le importaba que ella no supiera que Lee Trevino había ganado el U.S. Open, o que Canonero II había obtenido la gran victoria del Kentucky Derby, así como que el equipo de Baltimore había sido el gran vencedor del Super Bowl. El problema era que lo único de lo que ella parecía saber hablar era de su viaje a Orlando. Ella ya había estado en Disneylandia dos veces, y había leído que Disney World era más grande y mejor; le había descrito cada espectáculo, cada evento y cada juego con lujo de detalles hasta que él había tratado de hacer dos preguntas sobre otros asuntos: ¿Estaba de acuerdo con que Nixon hubiera cancelado el programa de transporte supersónico? ¿Qué opinión tenía con respecto al hecho de que la sexta enmienda decretara los dieciocho años como la edad mínima para votar? Por alguna razón, los temas serios no parecían despertar su interés, así que Bob desistió de preguntarle si creía que el Down Jones superaría la barrera de los mil puntos ese año.

El resultado había sido que él se había quedado leyendo hasta tarde. Ahora, mientras conducía hacia la estación, sentía las consecuencias de haber dormido sólo tres horas. Ni siquiera su canción favorita, que escuchaba en el auto, lograba hacerlo sentir mejor. Para empeorarlo todo, la lluvia caía tan fuerte que sus viejos limpiaparabrisas no eran de mucha ayuda. Al llegar al estacionamiento, vio la camioneta negra de Bill Radley. Bob apagó el radio, mientras oía las últimas notas de "How Can You Mend a Broken Heart," luego apagó el motor y bajó del auto, a la vez que abría rápidamente su paraguas. Corrió hacia la puerta y por poco se cae al pisar un charco cerca de la entrada.

Bill estaba tan alegre como de costumbre, y eso realmente lo deprimía. Bill era de los que se acostaban temprano y se levantaban al amanecer para mirar el paisaje por la ventana y silbar para acompañar el canto del gallo anunciando un nuevo día.

"Odio la lluvia," dijo Bob.

"Es necesaria," comentó Bill, que trabajaba en una emisora.

"El reporte del tiempo no decía que fuera a llover tan fuerte hoy." Bob sacudió su abrigo y golpeó el tapete de la entrada con los pies para secar sus zapatos.

"¿Qué saben ellos? El clima es algo realmente imprevisible. ¿Oíste el juego de los Cardenales el viernes por la noche?"

"Sí, hasta la séptima entrada," dijo Bill. El equipo de grabación zumbaba mientras él presionaba los botones de la consola. Bob se detuvo en el pequeño cuarto donde estaba el teletipo, y buscó bajo el título "Misc. Trivia," descubrió que en ese mismo día del año 1848 había sido concedida una patente para la primera silla de odontólogo, y que el Canal de Panamá había sido inaugurado ese mismo día, en el año 1914. Después entró a la cabina del locutor y revisó la programación. El primer programa del día era un sermón de media hora. Bill empezó a poner el disco en el tocadiscos y luego se sentó, de frente al micrófono y a un pequeño bombillo ubicado en la parte inferior del vidrio que separaba al locutor del ingeniero.

"¿Está todo listo?" le preguntó Bill. Bob asintió, y pocos segundos después el sonido del Himno Nacional inundó el cuarto, mientras Bob revisaba en silencio el texto de presentación del programa. Al terminar el Himno, el bombillo se encendió.

"Buenos días, bienvenidos una vez más a la WJFV-AM, su estación preferida en Jeffersville, transmitiendo desde el corazón del sur de Illinois." Bob le hizo señas a Bill, el bombillo se apagó y Bill puso a funcionar el tocadiscos. La música introductoria fue seguida de una voz grabada que anunciaba el título del programa, el nombre del pastor y del grupo que cantaba la primera canción. Bob estaría fuera del aire durante los siguientes veintiocho minutos y treinta segundos, así que se levantó y salió del cuarto para ir por su café. Se sirvió una taza, sin azúcar y sin crema y se dirigió a la cabina de sonido, soplando el café. Bill nunca tomaba café.

"¿Cómo está Ellen?" le preguntó Bob.

"Está bien, pero todavía le duele la espalda. Anoche tuvo que levantarse dos veces." Ellen era la esposa de Bill, y se había caído de una escalera mientras trataba de alcanzar unos melocotones de un árbol. "Tener que quedarse acostada por tanto tiempo realmente la pone de malhumor."

"¿Todavía está usando el aparato ortopédico?"

"Sólo se lo quita para dormir."

Bob se paró y se asomó por la puerta de la entrada. La lluvia aún caía con fuerza, y al otro lado de la autopista podía ver los árboles que se doblaban por el viento. *Ésta no es una buena temporada, ni siquiera para los patos,* pensó.

"Oye, ven acá," lo llamó Bill. Bob se acercó a la puerta abierta. "Este sujeto está hablando otra vez acerca de los ángeles, igual que la semana pasada. ¿Sabes que Ellen cree en esas historias?" Entonces Bob prestó atención a lo que decía aquella voz:

...y Dios mandó a sus ángeles para cuidar de sus fieles—para guiarlos y protegerlos. Hagar había huido del Monte Sarai, y un ángel llegó hasta ella en la primavera, la encontró en el bosque y le dijo que regresara, pues Dios haría de sus descendientes una gran nación. Más adelante, Dios le prometió a Abraham que enviaría un ángel que guiaría a su sirviente y le ayudaría a encontrar una esposa para Isaac. Y Moisés le habló a su pueblo: "Clamamos entonces a Yahveh, y él escuchó nuestra voz: envió un ángel y nos sacó de Egipto" (Números 20:16).

Cuando Jezebel amenazó la vida de Elijah, él huyó al bosque y se quedó dormido bajo un árbol de enebro, esperando la muerte. Y la Biblia dice: "Pero un ángel le tocó y le dijo: 'Levántate y come.' Miró y vio a su cabecera una torta cocida sobre piedras calientes y un jarro de agua" (1 Reyes 19:5–6). Y luego la gran promesa de Dios a todos sus creyentes, en el Salmo 91: "Pues él ha encargado a sus ángeles de guardarte en todos tus caminos. Te llevarán ellos en sus manos, para que en piedra no tropiece tu pie." Queridos amigos, los ángeles de Dios cuidan de todos los que creemos en Él, para guiarnos, guardarnos y protegernos. Un ángel de la guarda para cada uno. Él vendrá cuando lo necesiten. A veces, en un sueño, como cuando el ángel se le apareció a

José para anunciarle que debía llevarse a María y a su bebé y huir a Egipto. A veces, de una manera más tangible, como sucedió con Pedro y otros apóstoles que habían sido arrestados. "Pero el Ángel del Señor, por la noche, abrió las puertas de la prisión, los sacó y les dijo 'Id…' (Hechos de los apóstoles 5:19–20). Cada uno de nosotros tiene un ángel de la guarda. Él nos protegerá, cuidará de nosotros, velará por nosotros y nos guiará siempre. Amén."

"La madre de Ellen también cree en los ángeles," dijo Bill. "Hace dos días la invitamos a cenar y nos contó que había visto uno."

"Estás bromeando."

"Dice que fue en un sueño, cuando estuvo en el hospital el año pasado y casi muere de neumonía. Dice que vio a un guerrero vestido con ropas blancas que no hablaba ninguna lengua conocida, pero que ella pudo entender cada palabra que le dijo."

"¿Qué le dijo?"

"Le dijo que aún no había llegado su momento de morir."

"¿Alguna vez había mencionado ese sueño antes?"

"Ella dijo que el ángel le había dicho que debía guardarlo en secreto. Y así lo hizo. Pero esa noche, en casa, dijo que quería contárselo a alguien en caso de que algo le sucediera. Ella siempre ha sido muy apegada a Ellen. Sería grandioso, ¿no te parece?"

"¿Qué?"

"Que realmente *existiera* un ángel que no te abandonara, sin importar lo que hicieras, para protegerte y guiarte."

Bob negó con la cabeza. "¿Y qué me dices de las

personas que mueren en accidentes de auto? ¿O en la guerra? ¿Dónde están sus ángeles?"

"No lo sé, tal vez no debamos entenderlo todo."

Bob guardó silencio por un momento. "Quisiera tener un ángel de la guarda, pero tendría que verlo con mis propios ojos para creer que existe."

A la mitad del programa, un cuarteto local de música religiosa y un pianista entraron sacudiendo el agua de sus paraguas y se sentaron alrededor del micrófono en el pequeño estudio de al lado. Bob presentó su programa de media hora, y, al terminar, leyó algunos anuncios de la iglesia. El siguiente programa era otro sermón, de una hora y media. Bill estaba tomando un jugo de naranja de caja cuando Bob se acercó a la puerta de la entrada. Llovía más fuerte que nunca y en el estacionamiento se habían formado dos charcos más, que parecían lagos. Bob tomó la última edición de *Broadcasting* de la mesa de la recepción y regresó a la cabina de locución. Sentado frente al escritorio, empezó a pasar las páginas y a leer un artículo que describía cómo la FM estaba ganando cada vez mayor popularidad que la AM, cuando, de repente un movimiento detrás del vidrio captó su atención. Había alguien en la cabina de Bill.

Al principio, Bob no podía creer lo que estaba viendo. Un hombre con el pecho desnudo, vestido sólo con unos pequeños calzoncillos blancos, estaba de pie y le hacía señas hacia la cabina de locución. Bill negaba con la cabeza. De repente, el hombre lanzó un golpe con su puño derecho y Bill cayó de espaldas sobre el piso, lo que impulsó a Bob a salir corriendo de la cabina y encarar al hombre, que se dio vuelta hacia él.

"¿Qué sucede?" gritó Bob, aún asustado. El hombre

sobrepasaba a Bob por seis pulgadas y parecía un musculoso estibador.

"Quiero hablar por la radio," dijo el hombre.

"No puede…"

"¡Quiero hablar ahora mismo!"

"No…" le respondió Bob, al darse cuenta de que Bill se ponía de pie, tambaleante. El hombre cerró el puño de su mano derecha y se acercó a Bob.

"¡Puede hablar!" lo interrumpió Bill y el hombre se volteó hacia él. "Puede hablar, mire…" Bill le señaló el pequeño bombillo en la parte inferior del vidrio. "Cuando esa luz está encendida, el micrófono está al aire. Puede entrar a ese cuarto y hablar."

El hombre asintió. "Tengo que hablarle a la gente sobre Dios."

Bob le siguió el juego a Bill. "Puede entrar y hablar todo el tiempo que quiera."

El hombre tomó a Bob por el brazo. "Usted viene conmigo." En ese momento, Bob estableció contacto visual con Bill, mostrándole el teléfono. Bill encendería el bombillo sin que estuvieran al aire, y, mientras el hombre hablaba, Bill llamaría al jefe de policía. Entretanto, Bob trataría de hacer que el hombre siguiera hablando. Así que dejó que él lo condujera a la cabina y que se sentara detrás del micrófono.

"Preséntame" le ordenó.

"¿Cuál es su nombre?" le preguntó Bob.

"Simplemente diga que soy el mensajero del Señor."

Bob se sentía como un tonto pero aliviado al mismo tiempo. Se inclinó y le hizo señales a Bill. El bombillo se encendió y entonces Bob dijo: "Damas y caballeros, déjenme presentarles al mensajero del Señor, él tiene algo que decirles."

Entonces el hombre soltó el brazo de Bob y acercó

el micrófono. Bob pudo ver que Bill se inclinaba hacia un lado del escritorio y hablaba rápido por el teléfono. El hombre comenzó a levantarse, pero Bob trató de distraerlo al señalarle el bombillo encendido. Bill colgó el teléfono; el hombre se recostó en la silla y continuó:

"El Señor Jehová es su Dios. Deben adorarlo, pues Él los creó así como creó a la lluvia que cae afuera, que cae sobre ustedes y limpia su cuerpo con su pureza mientras ustedes sienten la mano sagrada de Dios que cubre sus rostros, sus manos, sus pechos, sus piernas, y que forma charcos a sus pies; despeina sus cabellos y ciega sus ojos que sólo entonces pueden ver Su gloria. Es la ropa que visten, la única ropa, y nada puede impedir el toque de su amor eterno. Deben levantarse desnudos ante Dios, ahora mismo, pues no son dignos de mirarlo a los ojos. Tienen que inclinarse y besarle los pies. Deben acercarse a Él con humildad. Como gusanos, tienen que arrastrarse hacia Dios y rogar por su perdón, pues de lo contrario, Él los destruirá en su pecado y debilidad así como hizo con Sodoma y Gomorra. ¡Inclínense y besen sus pies! ¡Ahora!" En ese momento se puso de pie, empujando la silla hacia atrás, y se dio vuelta hacia Bob.

"¡Inclínense y besen sus pies!" dijo al señalarle a Bob sus propios pies. "¡Besen sus pies, ahora!" golpeó a Bob en el pecho. "¡Bese mis pies!" Bob se tambaleó hacia atrás y entonces el hombre lo golpeó en el estómago; Bob se dobló hacia delante, sin poder respirar. Entonces el hombre lo haló por las orejas y golpeó su cabeza contra la pared, una y otra vez. Por fortuna, la pared era acolchonada, pues estaba diseñada para aislar el sonido. Bob aporreó al hombre en la cabeza pero sus golpes no parecían causar ningún efecto. El sujeto retiró su puño derecho como si fuera a lanzar otro golpe, cuando de repente se quedó inmóvil y bajó sus manos. Bob dio un paso atrás con las manos levantadas, para proteger su cara. El sujeto seguía sin moverse.

"Ponga sus manos detrás de la espalda," le dijo Bob y, para su sorpresa, él obedeció dócilmente. Bob se quitó el cinturón de sus pantalones, se paró detrás del hombre y ató sus muñecas. Luego lo agarró por el codo y lo llevó al área de la recepción hasta sentarlo en una silla cerca de la entrada principal. Bill los miraba nervioso.

"¿Hablaste con el jefe de policía?" le preguntó Bob. Bill asintió.

Bob miró su reloj. "Quedan doce minutos de programa. ¡Qué amable de su parte, no interrumpió la programación!"

Oyeron los frenos chirriantes de un auto; poco después, la puerta se abrió dando paso al jefe de policía y a su ayudante, que entraron con sus abrigos amarillos goteando sobre las botas de caucho negro. Los dos observaron aquella figura semidesnuda que estaba sentada, tranquila, mirando fijamente al frente.

"Recibimos otra llamada," dijo el jefe de policía. "Una pareja que conducía por la autopista vio a este hombre caminando y gritando bajo la lluvia. Tuvieron miedo de detenerse. ¿Les hizo daño?"

"Hablé por la radio," exclamó el hombre. "Le conté a todo el mundo sobre Jehová, todo el mundo debe inclinarse ante Jehová, todo el mundo tiene que besar sus pies."

"¿Por qué quería obligarme a besar sus pies?" le preguntó Bob.

"Soy el representante de Jehová. Al besar mis pies está besando los suyos."

"Claro, por supuesto," dijo Bob.

"Usted hubiera besado mis pies si ese sujeto no lo hubiera ayudado."

Bob sonrió con burla y miró a Bill. "Gracias, Bill."

"No, no estoy hablando de él," dijo el hombre, "sino del otro sujeto, el hombre con la espada."

"¿De qué habla?"

"Del hombre que entró al cuarto. Yo estaba a punto de hacer que usted besara mis pies y él entró con una espada. No hubiera dejado que usted atara mis brazos si él no hubiera aparecido allí con su espada. No estoy loco."

"Menos mal que no está loco," dijo Bill secamente. El jefe de policía hizo que el hombre se pusiera de pie, lo desamarró y le puso las esposas. Luego le devolvió el cinturón a Bob.

"Me parece que tuvieron suerte. Nos haremos cargo de él. Muchas gracias," y condujo al hombre hacia el estacionamiento.

"Fue un ángel," dijo Bill en tono burlón.

"¿Cómo dices?"

"Tu ángel de la guarda. El sujeto lo vio. Tenía una espada y te protegió."

"¿Por qué tú y yo no lo *vimos?*"

"Quizá los ángeles sólo se les aparecen a las personas que necesitan verlos. Mira qué coincidencia: el pastor estaba hablando sobre ángeles, y luego este sujeto vio a un ángel que te protegía."

"Un hombre *loco* vio un ángel, querrás decir."

Durante los años siguientes, Bob nunca olvidó ese domingo lluvioso, pero atribuyó la acción de su ángel de la guarda a los delirios imaginarios de una mente alterada. El hombre era paciente de la institución psiquiátrica de Anna y había escapado el día anterior. Pero once años más tarde, un día de octubre, ocurrió algo que cambió la manera de pensar de Bob para siempre.

Después de graduarse de la SIU en 1974, recibió ofertas de tres estaciones de la región central. Aceptó su primer trabajo en Springfield, Illinois. Al principio, presentaba noticias y cumplía las tareas normales de cualquier locutor, pero luego pasó a ser *disc jockey*. El gerente de la estación le dijo que tenía la personalidad y la voz necesarias para atraer a la audiencia joven. Con el tiempo, su trabajo lo convirtió en una celebridad local, hasta que una de las estaciones de la competencia lo grabó en secreto y envió la grabación a otras emisoras. De esa manera, Bob recibió una oferta de una estación sureña de FM; era una oportunidad que no podía dejar pasar, así que se mudó al sur en 1979. Su nueva estación estaba en el segundo lugar de sintonía, pero subió al primero después de que Bob tomara el turno de la noche.

Cinco días a la semana, llegaba a la estación a las 4:00 p.m. para preparar su programa. Su horario de trabajo no contribuía mucho a su vida amorosa, pues sólo tenía dos noches libres a la semana. Pero le gustaba ese horario de trabajo; pasaba casi dos horas en el gimnasio, poniéndose en forma y también salía a trotar. Le gustaba tener libres las horas de la mañana y poder almorzar casi todos los días con Penny Edwards.

Penny era presentadora de un programa de entrevistas, y tenía un turno de tres horas diarias en la estación de AM. Su orientación política era de centro-izquierda como la de la mayoría de las personas que llamaban a su programa. El Presidente Reagan era uno de los objetivos de crítica preferidos; ella no estaba de acuerdo con varios proyectos del gobierno, como el programa de trasbordadores espaciales, pues le parecía que se le asignaban recursos que debían usarse en la tierra (por esa época, el Challenger estaba en la Florida, donde se preparaba para su primer vuelo comercial); y se oponía a la pena de muerte (ya se había programado la ejecución de Charlie Brooks, que recibiría una inyección letal). Bob estaba en desacuerdo con la mayoría de sus opiniones, pero eso no cambiaba en nada lo que sentía por ella. Tenía veintisiete años, era preciosa, inteligente y con fuertes inclinaciones feministas. A pesar de ser cuatro años mayor, él a veces sentía que ella tenía más experiencia. Y de alguna manera tenía razón, pues ella había estado casada con un director de radio que después se había vuelto alcohólico. Pero por alguna razón, Penny y Bob habían congeniado desde su primer encuentro, en el cumpleaños que Jeb Reinhard había organizado para su esposa. Jeb era el gerente de la estación de Bob, y tenía muchos amigos dentro del medio de la radio. Penny era una amiga cercana de Helen, la esposa de Jeb.

"No quiero hacerlo," dijo Bob por tercera vez durante el almuerzo con Penny. La mesera les sirvió más té y él tomó un sorbo. Incluso el té sabía diferente aquí. Todo sabía distinto en *Good Life's*. A Bob nunca le gustaba ir allí, pero a Penny le encantaba aquella comida orgánica y saludable, sin nada de carne.

"Halloween es mi fiesta preferida, pero no quiero trasmitir el programa desde el Club 242."

Penny sonrió. "Lo hiciste el año pasado."

"Y ya sabes el problema que tuve con el borracho que pasó por los controles de seguridad y quería dedicarle una canción a su esposa."

"Terminó cantándole a la policía."

"El club no vende bebidas alcohólicas, pero algunas

personas ya han bebido antes de llegar. Halloween hace que la gente se comporte de manera alocada."

"No es cierto," dijo Penny.

"Sí, claro. Varios anunciantes ya reservaron el espacio para sus comerciales. Traté de hacer que Al se olvidara de la idea de transmitir el programa desde el club pero Jed lo respaldó."

Penny cortó una torta, una mezcla de verduras verdes y amarillas que a los ojos de Bob parecía más una comida importada desde otro mundo que un plato preparado en un restaurante.

"Ken Bradley podría presentar el programa," continuó Bob, "pero insistirán en que yo lo haga."

"Eres víctima de tu propia popularidad, Bob. Los anunciantes quieren que seas tú quien presente el programa."

Bob negó con la cabeza. "No me gusta ese lugar. Siempre dejan entrar a demasiadas personas, la gente se amontona. Puede ser inseguro."

"¿A qué te refieres?"

"El edificio es viejo."

"Cumple con los estándares de seguridad, ¿no es así?"

"Pero, aun así, tengo un mal presentimiento."

Penny le sonrió tímida y coqueta al mismo tiempo. "Yo iré."

Bob tomó su mano. "Lo sé, y eso es lo único bueno de hacer el programa fuera del estudio. Pero preferiría estar contigo en otro lugar, a solas."

Penny apretó su mano. "Yo también, pero tendré que grabar los cometarios para mi programa sobre las opiniones de la gente respecto a la fiesta de Halloween. Todos los años recibimos llamadas de personas que piensan que el Halloween es maligno, y que su celebración glorifica al diablo. Pero para la mayoría es sólo una forma de pasar un buen rato. No hay necesidad de convertirlo en un tema de controversia religiosa."

Bob sonrió con un dejo de burla. "Pero tú lo convertirás en un tema controversial en tu propio programa."

Ella asintió. "Esa es la idea de un programa de entrevistas," y miró a Bob por un momento. "Sabes, es extraño que nos llevemos tan bien. No estamos de acuerdo en ningún tema político y ni siquiera nos gusta la misma comida."

Bob bajó su voz. "Penny, ¿has vuelto a pensar acerca de lo que hablamos el sábado?"

"¿Acerca de qué?"

"Acerca de nosotros. Sé lo que piensas del matrimonio, pero también sé lo que siento por ti y me estoy cansando de vivir solo."

"¿Estás empezando a sentir el peso de tu edad?"

"De cada uno de mis treinta y un años."

Ella acarició rápidamente su mano. "A mí tampoco me gusta estar sola, pero hay cosas peores, entre ellas, un mal matrimonio."

"Está bien," dijo Bob. "Es suficiente por ahora. Pondré cara feliz en Halloween y haré el programa desde el club. Pero ¿sabes qué me haría realmente feliz?"

"¿Qué?"

"Si nos quitáramos nuestras máscaras y fuéramos completamente honestos sobre lo que sentimos el uno por el otro."

"Bob, no estoy segura de lo que siento."

"Puedo esperar." Sonrió Bob. "Pero veamos si podemos volver a hablar después de Halloween."

La noche del 31 de octubre, Bob llegó al Club 242 un poco antes de las 6:00 p.m., a la hora a la que normalmente empezaba su turno nocturno. Ken Bradley estaba programando música en el estudio hasta las 8:00, y luego Bob debía comenzar la transmisión desde el club. El equipo ya estaba instalado en el centro del escenario y Bob empezó a revisarlo todo por última vez. En el Club casi siempre había presentaciones en vivo pero ésta era la noche de Bob Martin. Él había grabado toda la música que usaría, así que podría interrumpirla cuando quisiera para dar paso a sus comentarios y a los comerciales. La música también estaría intercalada con otras secciones como algunas entrevistas, premios al disfraz más tenebroso, al más hermoso, al más gracioso y al más creativo, así como a la pareja cuyos disfraces lucieran mejor juntos.

Ralph Blakemore, el dueño del club, le dio unas palmaditas en la espalda.

"Me gusta tu disfraz...¿de Drácula?"

"¿Tienes que preguntarlo?," dijo Bob, llevándose algo rápidamente a la boca.

"Te ves maravilloso con esos colmillos." Ralph asintió.

"Pero no puedo hablar con ellos. No podré usarlos."

"De cualquier forma, tú das miedo sin tener que hacer nada, así que la gente se mantendrá lejos de ti."

"Gracias," dijo Bob. "¿Qué tal si construyeras unos baños más cerca?"

Ralph sonrió y luego se fue. Los baños no estaban en el primer piso, sino después de un corto tramo de escaleras del lado occidental; para llegar hasta ellos había que atravesar un corredor que era demasiado estrecho para las multitudes que solían visitar el club. Después de revisar los equipos, Bob se aseguró de que los comerciales estuvieran en la secuencia correcta. Algunos estaban grabados, pero muchos serían en vivo. Cuatro parlantes ampliarían el sonido de su música y sus comentarios cuando el programa saliera al aire.

Faltando quince minutos para las ocho, el lugar ya estaba lleno. En ese momento llegó Penny; estaba disfrazada de Campanita, con una falda cortita, de un color verde brillante, que le permitía a Bob admirar sus largas piernas. Penny también tenía unas sandalias marrón y una túnica verde; sobre su cabeza llevaba un gorro marrón con una larga pluma que apuntaba hacia atrás. Un tirante sostenía el bolso en el que llevaba su equipo portátil de grabación.

"Me habría gustado que hubieras traído algún disfraz," le dijo ella con sequedad.

"A mí me gustaría verte sin el tuyo."

Ella se quedó mirándolo. "Drácula no hablaría así."

"No es Drácula el que está hablando. Dime, Campanita, ¿me llevarías al País de Nunca Jamás?"

"Nunca."

"Está bien, entonces, ¿qué te parece si nos tomamos un café en Guido's?"

"Si logras deshacerte de los colmillos, nos vemos allá."

Él la siguió con la mirada mientras ella se alejaba. Luego se comunicó con Ken en el estudio.

La transmisión empezó a las ocho en punto y el programa transcurrió sin problemas; el sonido y el ritmo aumentaban a medida que el reloj se acercaba a la medianoche. Varias veces alcanzó a ver a Penny, que recorría el salón para grabar sus entrevistas. En una oportunidad pasó cerca del escenario y lo saludó de lejos con la mano. El único momento en el que Bob podía librarse del micrófono era durante los cinco minutos de noticias que Ralph leía desde el estudio a cada hora en punto.

"Una hora más y terminamos," pensó al mirar el corte de noticias de las once. Decidió ir al baño. Al subir por las escaleras y caminar por el corredor volvió a pensar en lo viejo que era aquel edificio. Estaba a punto de entrar por la puerta del baño cuando oyó una voz que gritaba: "¡Fuego!" Todas las personas que estaban en el corredor se quedaron inmóviles; Bob sintió el olor a humo. Luego alguien gritó, y pronto se escucharon otros gritos. La gente en el corredor empezó a caminar hacia la salida. Bob iba en medio de ellos, hasta que, de repente, todos dieron marcha atrás al llegar a la puerta.

"¡Está cerrada!" gritó alguien. Entonces la multitud se dirigió en dirección contraria, hacia el salón de baile. Bob iba con ellos, casi sin poder respirar. La persona que estaba delante de él se tambaleó en las escaleras y él la agarró del brazo, mientras empezaba a sentir que el humo se hacía más denso. Logró llegar a los equipos y tomó el micrófono. "Por favor, cálmense todos." Sus palabras, que salían por los parlantes, se confundían con el estruendo general. Alguien cayó sobre su mesa cuando un grupo pasó en desbandada hacia la salida que estaba detrás del escenario. Ahora Bob podía ver las llamas que subían por la pared a su derecha y luego también por la pared, cerca de las escaleras que llevaban a los baños. De repente, lo invadió un gran temor: ¿dónde estaba Penny? Gritó su nombre. El pánico reinante en el salón se sumaba a su temor por ella. Caminó a empujones entre la multitud gritando su nombre una y otra vez. Era inútil. Tal vez ya había salido, pero el miedo se apoderó de su corazón.

El humo le ardía en los ojos, tenía que salir de allí. Pero, ¿dónde estaba Penny? Estaba tosiendo cuando sintió que alguien tocó su hombro. Miró hacia atrás y vio a un hombre que le señalaba las escaleras. Bob se quedó mirándolo y el hombre volvió a señalarle en la misma dirección. Bob lo siguió por las escaleras, que estaban casi vacías mientras que las llamas y el humo parecían alimentarse mutuamente. Pero el hombre seguía caminado delante de él. *No sabe que la salida está cerrada,* pensó Bob. Trató de alcanzarlo pero lo perdió de vista en medio del humo, entonces le gritó para que se devolviera y lo siguiera por el corredor, pero de repente volvió a ver que el hombre le señalaba la puerta del baño de las mujeres. Los ojos de Bob lloraban por el humo, volvió a perder de vista al sujeto, pero, como pudo, entró al baño y entonces la vio —era Penny— que yacía sobre el piso debajo del lavamanos. Corrió hacia ella y la levantó; pudo sentir que ella estaba respirando, entonces la cargó por el corredor. En el salón de baile sólo quedaban unas cuantas personas que se empujaban tratando de llegar a la salida. Bob tosía y se tambaleaba mientras sostenía a Penny con fuerza. Finalmente logró llegar a la salida. Los camiones de bomberos estaban llegando acompañados de las sirenas de la policía.

Bob puso a Penny sobre el piso. Un bombero llegó corriendo hasta ellos y le puso una máscara de oxígeno. Pocos minutos después, ella comenzó a moverse, abrió los ojos y miró a Bob que se inclinaba ansioso. El bombero le quitó la máscara y Penny sonrió. "¿Aún sigue en pie la invitación a Guido's?" le preguntó ella.

Más tarde, en su apartamento, le contó a Bob que se estaba lavando las manos cuando las personas empezaron a entrar en pánico, alguien cayó sobre ella, haciendo que se golpeara la cabeza contra el lavamanos. Pero, ¿cómo sabía él dónde estaba ella?

Él le contó sobre el hombre que lo había llevado

hasta el baño. Pero luego le contó algo más. La historia de un día lluvioso, once años atrás, cuando un hombre con problemas mentales había dicho que había visto a un hombre con una espada. Bob nunca había creído en ángeles de la guarda. Nunca lo haría hasta no ver alguno por sí mismo. Pero había visto uno en el Club 242.

"Era un hombre," le dijo Penny.

Bob negó con la cabeza. "No lo creo."

"¿Crees que sea tu ángel de la guarda? Pero entonces, ¿por qué me rescataría a mí?"

"Tal vez él me protege a mí y a los que…" Bob vaciló mientras la miraba a los ojos "a los que amo."

Penny lo miró con dulzura en medio del silencio y luego, de repente, se rio. "Tengo una idea."

"¿Cuál?"

"¿Qué te parece si hago un programa sobre visitas de ángeles? Le pediremos a la gente que crea que ha visto a un ángel que llame al programa y comparta su experiencia."

"Vas a recibir llamadas de un montón de locos."

"Ahí es donde entras tú."

"¿Cómo así?"

"Serás mi invitado especial, contarás tu historia y tratarás el tema con seriedad."

"Entonces ellos pensarán que *yo estoy* loco."

"Tal vez ellos crean que eres mi loco preferido." Ella pasó su mano por su cuello y acercó su rostro hasta que sus labios se tocaron. Entonces Bob no tuvo más dudas. Sabía que tenía un ángel de la guarda.